Michaela Ferner

Du beflügelst meine Schritte

Michaela Ferner

Du beflügelst meine Schritte

Gottesdienstmodelle – von Frauen gestaltet

Klens-Verlag Düsseldorf
Verlag Butzon & Bercker Kevelaer

Die Deutsche Bibliothek – CIP-Einheitsaufnahme

Ferner, Michaela:
Du beflügelst meine Schritte : Gottesdienstmodelle – von Frauen gestaltet / Michaela Ferner. – Düsseldorf : Klens ; Kevelaer : Butzon und Bercker, 1993
ISBN 3-87309-094-5 (Klens)
ISBN 3-7666-9798-6 (Butzon und Bercker)

ISBN 3-87309-094-5 Klens-Verlag
ISBN 3-7666-9798-6 Verlag Butzon & Bercker

Umschlaggestaltung: Meussen/Künert, Essen.

Inhalt

V. Der marianische Ansatz

VI. Der die Lehre und den Aufbau der Kirche betreffende (ekklesiologische) Ansatz

VII. Der die gesellschaftlichen Verhältnisse und die Umwelt betreffende (sozialethische) Ansatz

Vorwort

Beflügelt von der befreienden Botschaft des Alten und des Neuen Testaments und den Gedanken feministischer Theologie fand ich in der kfd (Katholische Frauengemeinschaft Deutschlands) der Pfarrei Christ König in Ludwigshafen-Oggersheim eine Gruppe von Frauen, die sich mit mir auf den Weg machte, um auf diesem Hintergrund ihren Glauben zu vertiefen. Dies geschah zunächst in gemeinsamen Gesprächskreisen von ungefähr 12–15 Frauen. Wir beschäftigten uns zuerst mit biblischen Frauen aus alt- und neutestamentlicher Zeit, danach mit dem Bischofspapier vom 21. September 1981: „Zu Fragen der Stellung der Frau in Kirche und Gesellschaft". Dieses machte uns Mut, unseren Weg weiter zu gehen. An den folgenden Abenden befaßten wir uns mit den Themen feministischer Theologie. Wir setzten uns mit diesen neuen Gedanken auseinander und fragten uns: Was hilft uns Frauen davon in unserem Leben? Was können wir als katholische Frauen in die feministische Theologie einbringen? Wir entdeckten weibliche Bilder von Gott und merkten, daß auch die Frau würdig ist, Gott darzustellen; wir lernten Maria als Prophetin, als Bild für die Kirche in weiblicher Gestalt, als Frau auf der Seite der Armen und als weibliche Dimension Gottes kennen. Wir entdeckten uns Frauen neu in Mythen, Märchen und Symbolen, und die Frauen der Kirchengeschichte wurden vor unseren Augen lebendig. Wir erkannten aber auch die immer noch nicht dem Mann ebenbürtige Stellung der Frau in Kirche und Gesellschaft.
Nach einer gewissen Zeit reifte in uns dann der Wunsch, unsere Erfahrungen und unsere neugewonnene Spiritualität in den Gottesdiensten der Gemeinschaft zum Ausdruck zu bringen. Es bildete sich ein kleiner Liturgiekreis von Frauen im Alter von 30–70 Jahren, der die in diesem Buch veröffentlichten Gottesdienstmodelle erarbeitete.
Wir versuchten dabei, eine Verbindung herzustellen zwischen unserem neuen Frauenbewußtsein und einer langen, auch uns in vielen Teilen liebgewonnenen Tradition der Kirche, Gottesdienst zu feiern. Und die Gottesdienste sollten auch denjenigen Frauen unserer Gemeinschaft, die sich nicht an unseren Gesprächskreisen beteiligten, aber unsere Gottesdienste regelmäßig besuchten, die Möglichkeit eröffnen, langsam in die für sie neuen Gedanken und Sprache hineinzuwachsen. Durch von uns gestaltete Sonntagsgottesdienste brachten wir unsere Anliegen und unseren Glauben in die gesamte Pfarrgemeinde ein.
Außerdem wurde durch die intensive Arbeit innerhalb der kleinen Gruppe des Liturgiekreises die Spiritualität der Gesamtgemeinschaft der kfd in un-

serer Pfarrei entscheidend gefördert und vertieft. So möchten wir mit der Veröffentlichung unserer Gottesdienstmodelle Frauengruppen Mut machen, ähnliche Wege zu wagen.
Zum Schluß danke ich allen, die an der Entstehung und Durchführung der verschiedenen Gottesdienste beteiligt waren:
– den Geistlichen Herrn Oswald Rauber, Herrn Michael Hergl und Herrn Josef Szuba, daß sie die von uns vorbereiteten Frauenmessen mit uns gefeiert haben und so ein Stück Weg mit uns gegangen sind;
– allen Frauen des Liturgiekreises für ihre gelebte Schwesterlichkeit, besonders Frau Mathilde Schaffner, die diesen Kreis entscheidend mitgeprägt hat und für mich immer eine wichtige Gesprächspartnerin ist. Dank zu sagen ist ihr auch für die Mitarbeit bei der Vorbereitung und Niederschrift dieses Buches.
Danken möchte ich auch Frau Hildegard Dasch, der Sekretärin der Diözesanstelle für Frauenseelsorge in Speyer, für die Schreibarbeiten.
Herzlichen Dank nicht zuletzt Herrn Weihbischof Ernst Gutting für die Ermutigung zur Veröffentlichung der Gottesdienstmodelle.

Noch ein letzter Hinweis für die Leserinnen und Leser: Wir haben bei den Lesungen und Evangelien nur die Bibelstellen angegeben. Prüfen Sie bitte, ob nicht manchmal die männliche Sprache ergänzt werden müßte: Brüder und *Schwestern*, Söhne und *Töchter* usw.

Michaela Ferner

Warum Frauengottesdienste?

Vielleicht werden einige, die dieses Buch zur Hand nehmen, fragen: Warum ein eigenes Buch über Frauengottesdienste? Haben die Frauen nicht schon immer Gottesdienste mit der Kirche gefeiert und sich in diesen wohlgefühlt? Wäre nicht ein Buch mit guten Vorschlägen für Gemeindegottesdienste, von denen sich Männer und Frauen angesprochen fühlen, sinnvoller? Ist ein Buch über Frauengottesdienste nicht nur ein Zugeständnis an den Zeitgeist, da nun alle von den Frauen reden? Und außerdem, gab es nicht schon vor der Frauenbewegung in den Gemeinden an Werktagen Frauenmessen, die immer gut besucht waren?

Doch wie sahen diese Frauenmessen aus? Die Frauen saßen zumeist nur als Zuhörende in den Bänken. Es wurde die Messe vom Tage gefeiert. Die Gebete und Lieder und auch viele biblische Texte sprachen von Brüdern, Söhnen und Vätern. Frauen waren meist unsichtbar und unhörbar, wenn es sich nicht gerade um ein Heiligen- oder Marienfest handelte. Für heilige und göttliche Dinge schienen die Frauen nicht zuständig zu sein. Catharina Halkes, die große alte Dame der feministischen Theologie in Europa, formulierte dies so: „Das Weibliche galt nicht mehr als würdig, das Göttliche darzustellen, oder, das Göttliche konnte nur noch in männlichen Bildern erlebt werden.“[1]

Wie weit in diesen Frauenmessen die Lebenswirklichkeit von Frauen zur Sprache kam, kann ich als Frau Anfang 40 nicht beurteilen. Ich nehme aber sicher an, so habe ich es auch von älteren Frauen erzählt bekommen, daß sich eine große Zahl von Geistlichen bemühte, in ihren Ansprachen auf die Glaubensfragen der Frauen Antwort zu geben.

Doch in den Jahren nach dem II. Vaticanum macht die Liturgiereform auch nicht vor den Frauenmessen halt: Jetzt gibt es Lektorinnen, und die Frauen versuchen schon die Gestaltung von einzelnen Teilen, wie z.B. Fürbitten. In dieselbe Zeit fällt auch das langsame Aufkeimen der Frauen- und Emanzipationsbewegung, die auch vor den Toren der Kirche keinen Halt macht. Frauen werden sich ihrer Minderheitenrolle bewußt, auch in der Kirche. Frauen beginnen, über ihre Rolle und Stellung in der Kirche nachzudenken. Sie suchen die Frauengeschichte in der Bibel und in der Kirchengeschichte, bemühen sich um eine frauengerechte Sprache und Verkündigung; sie bemühen sich um das Gottesbild und wollen ihre Fragen verstärkt in die Theologie einbringen. Die Lebenswirklichkeit von Frauen soll in allen Bereichen der Kirche nicht mehr ausgeklammert werden. Alle diese Fragen und dieses Nachdenken wird heute mit dem Überbegriff „feministische Theologie" bezeichnet.

Ermutigt werden Frauen, über sich nachzudenken, besonders durch Papst Johannes XXIII., der in seiner Enzyklika „Pacem in terris" 1963 die Entfaltung der Kräfte der Frau auch im gesellschaftlichen und kirchlichen Leben als Zeichen der Zeit begrüßt. Dort schreibt er u.a.: „Die Frau, die sich ihrer Menschenwürde heutzutage immer mehr bewußt wird, ist weit davon entfernt, sich als seelenlose Sache oder als bloßes Werkzeug einschätzen zu lassen ... Denn in der Gegenwart schwinden die Anschauungen, die so viele Jahrhunderte überdauerten, aufgrund derer sich gewisse Menschengruppen für untergeordnet hielten, während andere sich überlegen dünkten, sei es wegen ihrer wirtschaftlichen oder sozialen Stellung, sei es wegen des Geschlechts oder ihres gesellschaftlichen Ranges." [2]

Hinzu kommt die ermutigende Feststellung gegenüber Frauen im Dekret über das Laienapostolat des II. Vaticanums (Artikel 9) und die durch die historisch-kritische Exegese (Bibelauslegung) ermöglichte Neuentdekkung des biblischen Menschenbildes. Außerdem bringt das II. Vaticanum den Anstoß, sich für die Freiheit und Mündigkeit der Menschen einzusetzen. Hinzu kommt aus jüngerer Zeit das Wort der deutschen Bischöfe vom 21. September 1981 „Zu Fragen der Stellung der Frau in Kirche und Gesellschaft".

Durch diese Anstöße wird ein Teil der Frauen auch aufmerksam auf die überwiegend männlich gestaltete Liturgie, obwohl Frauen auch heute noch den größten Teil der Kirchenbesucher stellen. Außerdem haben Frauen das kirchliche Leben in den Gemeinden immer entscheidend mitgetragen, und sie waren die ersten Vermittlerinnen des christlichen Glaubens. Die Kirche konnte sich eigentlich immer auf die Frauen verlassen. Nun, da ein Teil von ihnen zu einem neuen Frauenbewußtsein gelangt, kann sie nicht einfach daran vorbeigehen. Sie muß sich mit ihnen auf den Weg zu einer frauengerechteren Kirche machen, was sich auch im Gottesdienst zeigen muß.

Denn manchmal hatte und hat die Liturgie der Kirche den Anschein, als sei sie nur in patriarchalischer Form (Vorherrschaft des Männlichen) zu vollziehen, nämlich dann, wenn im Gottesdienst nur Männer aktiv in Erscheinung treten oder nur von Söhnen und Brüdern die Rede ist. So erlebte ich es anläßlich der ewigen Profeß und Jungfrauenweihe einer Freundin in einem Benediktinerinnenkloster. Der Zelebrant und Consecrator sprach nur von Mönchen und Brüdern, während ein Konvent von etwa 80 Frauen vor ihm saß. Wenn der zentrale Lebensvollzug der Kirche der Gottesdienst und die Wortverkündigung ist, wenn die Liturgie Quelle und

Höhepunkt des gesamten Tuns der Kirche ist[3], dann müssen dort auch die Probleme der Frauen aufgegriffen werden, und dann kann auch das neue Frauenbewußtsein dort seinen Platz haben. „Die Existenzweise von Frauen muß sich in der Verkündigung und im Gottesdienst widerspiegeln.“[4]
Diesem Gedanken sind auch die Orationen (Tagesgebet, Gabengebet und Schlußgebet) der vorliegenden Gottesdienstmodelle verpflichtet. Es handelt sich um Vorschläge und Formulierungshilfen, die gemäß den „Richtlinien der Deutschen Bischofskonferenz für Meßfeiern kleiner Gemeinschaften (Gruppenmessen) vom 24. September 1970“ in Nr. 34 dem Zelebranten die Möglichkeit geben können, sein Gebet so zu formulieren, „daß es den Bedürfnissen einer heutigen Feier besser entspricht“.
Deshalb müssen die Frauen dazu aufgerufen werden, ihr Dasein zu feiern. Dies geht aber nur, wenn sie das Gefühl haben, sich wiederzuerkennen, wenn auch z.B. die Namen der Vormütter (wie Mirjam, Rebekka, Rachel, Phoebe, Maria usw.) genannt werden. Wir hören von nur wenigen Frauengestalten im Gottesdienst. Frauen begegnen einander sehr selten in der Liturgie und Verkündigung. Selbst in einem Schulbuch (4. Klasse: Ich bin da) war noch Ende der siebziger, Anfang der achtziger Jahre unter der Überschrift „Menschen der Bibel“ keine einzige Frau zu finden.[5] Die großen Frauen der Bibel bleiben ohne Gesicht. Wer nicht namentlich genannt wird, wer nicht beim Namen gerufen wird, der ist abwesend, den gibt es nicht. Um unser Dasein als Frau aber in einem größeren Zusammenhang feiern zu können, müssen wir das Gefühl haben, daß es auch unser Leben ist, das wir feiern.[6]

Anmerkungen

1 Halkes, Catharina: Gott hat nicht nur starke Söhne. Grundzüge einer feministischen Theologie, Gütersloh 1980, S. 55.

2 Johannes XXIII.: Pacem in terris, Nr. 41 und 43 (zitiert nach Herderbücherei, Band 157, Freiburg 1963).

3 Vaticanum II, Dekret Sacrosanctum Concilium I, 10.

4 Halkes, Catharina: Suchen, was verlorenging. Beiträge zur feministischen Theologie, Gütersloh 1985, S. 152.

5 Religionsbuch 4: Ich bin da, erarbeitet von Bauer, Andreas/Fischer, Friedrich/Knoll, Maria/Quadflieg, Josef, Donauwörth 1978, S. 19.

6 Vgl. Halkes, Catharina: Gott hat nicht nur starke Söhne, a.a.O., S. 56 f.
Halkes, Catharina: Suchen, was verlorenging, a.a.O., S. 146 und 152.

I. Der biblische Ansatz

Darstellung

Die Bibel kann für Frauen ein sehr schwieriges Buch sein, da sie in einer Gesellschaft entstanden ist, in der die Männer die Vorherrschaft hatten. Und doch ist die Bibel für uns Frauen eines der wichtigsten Fundamente unseres Glaubens. Somit können wir nicht an ihr vorbei. Unsere Aufgabe ist es, mit den Augen der Frau nach den Frauen in der Bibel Ausschau zu halten. Es ist überraschend, wie viele Frauengestalten es in der Bibel gibt und wie wenig sie im Blickfeld der männlichen Verkünder sind. Es ist wichtig, daß diese „Frauengeschichte" von uns ausgegraben wird und somit auch in die Betrachtungsweise von Unterricht und Predigt rückt.

Hilfreich dabei ist, daß die von der Vorherrschaft der Männer (Patriarchalismus) her geprägten biblischen Geschichten vom Standpunkt der Frauen aus neu erzählt werden. Dies ist nicht allein eine feministische Idee. In allen Jahrhunderten gibt es Parallelerzählungen, wie etwa unsere Weihnachtslegenden in der Literatur.[1]

Dabei zeigt sich auch mit wissenschaftlicher Hilfe (historisch-kritische Methode), daß manche Frauengestalt patriarchalisch überfrachtet und gedeutet worden ist, so z.B. die Prophetin Mirjam.

Für das Neue Testament weisen feministische Theologinnen darauf hin, daß Jesus der erste Mann war, der die Vorherrschaft des Mannes in seiner Zeit durchbrochen hat. So berief er nicht nur Männer in seine Nachfolge, sondern auch Frauen. Er löste Frauen aus herkömmlichen Rollen und befähigte sie, aufgrund eigener Entscheidungen ein eigener Mensch zu werden. Er akzeptierte die Frauen als vollwertige Menschen, obwohl sie als schwach, unrein und kultunfähig galten.[2]

Außerdem versuchen Frauen, ausgehend von der Annahme, daß die Geschichte der frühen christlichen Bewegung schon patriarchalisch gefiltert ist, die verschüttete Frauentradition freizulegen. Die Theologinnen weisen darauf hin, daß von unseren männlichen Schriftauslegern das Bild der frühen Kirche immer so dargestellt worden ist, daß die Hauptpersonen die Männer sind und die Frauen nur am Rande erscheinen. Doch selbst die Autoren des Neuen Testaments geben uns natürlich nicht die volle Bandbreite der Anfänge wieder. Da sie das Überlieferungsmaterial und die Belege ihrem Standpunkt, ihrem theologischen Anliegen und ihrer Gemein-

desituation entsprechend auswählten (Joh 21, 25), können wir annehmen, daß nur die Spitze des Eisbergs von der Rolle der Frau uns erhalten ist.
Es ist deshalb wichtig, nicht nur biblische Quellen auszuwerten, sondern auch außerbiblische frühchristliche, sogenannte Apokryphen, denn auch in ihnen wird christliches Leben in seinen Anfängen sichtbar.
Viele Untersuchungen, neu gelesene Quellen und vor allem der geschärfte Blick von Frauen für ihre Geschichte entrollen uns jetzt ein Bild von einer Gemeinschaft von gleichrangigen und gleichwertigen Frauen und Männern. Apostel wie Junia (Röm 16, 7), Frauen in Diakon- und Vorsteheramt wie Phöbe (Röm 16, 1–2), führende Christinnen wie Maria Magdalena und Marta verändern unseren Blick.[3]

Anmerkungen

1 Vgl. Gerber, Uwe: Feministische Theologie. Selbstverständnis – Tendenzen – Fragen, in: Theologische Literaturzeitung, 109. Jahrgang, 8/1984, Sp. 575.
Schüssler-Fiorenza, Elisabeth: Interpretation patriarchalischer Traditionen, in: Als Mann und Frau ruft er uns. Vom nicht-sexistischen Gebrauch der Bibel, hrsg. von Russel, Letty M., München 1979, S. 50.

2 Vgl. Moltmann-Wendel, Elisabeth: Ein eigener Mensch werden. Frauen um Jesus, Gütersloh 1980.
Moltmann-Wendel, Elisabeth: Das Land, wo Milch und Honig fließt, Gütersloh [2]1987, S. 86 ff.

3 Vgl. Gössmann, Elisabeth: Die streitbaren Schwestern. Was will die Feministische Theologie?, Freiburg-Basel-Wien 1981, S. 59–66.
Moltmann-Wendel, Elisabeth: Ein eigener Mensch werden, a.a.O., S. 10 f.
Schüssler-Fiorenza, Elisabeth: Die Rolle der Frau in der urchristlichen Bewegung, in: Concilium 1/1976, S. 4 ff.

Noomi und Rut – eine Erntegeschichte

Vorbemerkung

Im Mittelpunkt dieses Gottesdienstes stehen zwei Frauen aus dem Alten Testament. Er eignet sich gut für das Erntedankfest (die Gebete sind hier so ausgewählt), aber auch zum Thema „Leid und Leidbewältigung". – Schmuck für den Altarraum sind ein Ährenkranz oder zu einer Garbe gebundene Ähren, außerdem ein Korb mit kleinen Ährensträußchen. – Vor Beginn des Gottesdienstes wird eine Federzeichnung mit einem Text zu Psalm 30 verteilt:

Rembrandt
Rut und Boas

Wer in der Tiefe war
ganz unten
entsetzt
verzweifelt
verloren
am Ende
und wieder leben darf
kann nicht schweigen
muß reden singen danken
beten erzählen
und loben.

Wer Gott verlor
sich selbst
Freunde
Glück
Hoffnung
das Leben
und von Gott gefunden wurde
kann aufatmen
hell lachen
wieder denken
darum danken
neu beginnen
und lieben.

Nach dem Dunkel
kommt ein neuer Morgen
verstummen Feinde
freuen sich Freunde
trocknen die Tränen
beginnt der Tanz
denn nun bleibt
lebenslang seine Gnade.

Johannes Hansen

Eingangslied: GL 474, 1–3: Nun jauchzt dem Herren, alle Welt

Begrüßung / Eröffnung

Wir feiern heute miteinander Erntedank. Im Mittelpunkt unseres Gottesdienstes steht die Geschichte der Rut aus dem Alten Testament. Sie berichtet von Menschen, die während einer Hungersnot in ein fremdes Land ziehen müssen und dort viel Leid erleben. Aber wir hören auch von der Rückkehr einer der Frauen mit einer ausländischen Schwiegertochter, zur Zeit der Gerstenernte, und von einer glücklichen Wendung im Geschick der beiden Frauen.

Kyrie: GL 485: Der in seinem Wort uns hält

Gebet: Meßbuch II, Seite 318, Nr. 37

Lesung: Rut 1, 1–9.14–22; 2, 4–9.15–17; 4, 13–17

Betrachtung
(vorgetragen von einer Sprecherin)

Liebe Brüder und Schwestern,
Juden und Christen erzählen sich Geschichten von Gott und den Menschen: Geschichten, die Freude machen, die Mut geben, die einen ehrlichen Trost aussprechen. Da wird z.B. erzählt: Gott geht auf dieser Welt spazieren und stattet einzelnen Menschen einen Besuch ab. Gott vergißt gerade die nicht, die von allen Menschen vergessen sind. Einer armen Witwe läßt er durch einen Boten helfen, und eine unbekannte Fremde, Rut, macht er zur Ahnfrau eines großen Königs.
An diese Rut erinnern sich die Juden jedes Jahr mit Freude am Fest der Gerstenernte. Dann nämlich wird ihre Geschichte im Gottesdienst vorgelesen. Denn die Geschichte von Rut ist ja eine Erntegeschichte. Ich möchte mit Ihnen den Weg Ruts von der Aussaat bis zur Ernte betrachten. Am Anfang steht die Not, die Trauer, die Verzweiflung. Rut hatte den Tod ihres Schwiegervaters und ihres Mannes erlebt. Eine Frau ohne Mann und Söhne war schutzlos. Sie stand auf der untersten Stufe des Volkes und galt als nicht-existierend. Eine Frau galt nur etwas als Gattin, Mutter von Söhnen oder Schwiegermutter.
Sicher werden viele heute sagen, wenn wir dies erzählen: Das gibt es bei

uns heute nicht mehr. Wir leben im Zeitalter der Gleichberechtigung und Frauenemanzipation. Doch ist es nicht auch bei uns oft noch so, daß eine Frau nur etwas gilt als Partnerin des Mannes? Daß sie z.B. ihren Wert nur durch den Beruf und die Stellung ihres Mannes ableitet? Erleben nicht viele alleinstehende Frauen bei uns dasselbe wie Rut und ihre Schwiegermutter? Wie schnell spricht man abwertend von einer „alten Jungfer"! Man wird gefragt, ob man denn nicht heiraten wolle. Oder man bekommt gute Ratschläge wie: Man solle sich doch einen Mann suchen! (Wer das will, der findet auch einen.)
Andere Frauen erleben ähnliche Situationen als Witwe, wenn plötzlich gesellschaftliche Bindungen abreißen und sie nicht mehr angesehen sind. Auch geschiedene Frauen erleben das Allein-Leben oft schmerzhaft. Eine junge geschiedene Frau hat einmal gesagt: „Mir fällt es so schwer, bei einem Familienausflug mitzugehen, denn die anderen Frauen haben alle ihren Mann dabei. Ich komme mir dann so als Außenseiterin vor."
Solche Lebensumstände sind dann nicht selten der Grund für Ängste und Depressionen. „Wie werde ich mit dieser meiner Situation fertig? Wo bekomme ich Hilfe und Halt?" werden viele Frauen in solchen Lebenslagen fragen.
Schauen wir auf Rut. In solch einer ähnlichen Lage ist Rut bereit, sich an ihre alte, verlassene und heimatlose Schwiegermutter zu binden. Sie sagt zu ihr: „Denn wo du hingehst, da will auch ich hingehen." – Wie ähnlich ist doch dieser Satz dem bedingungslosen Ruf Jahwes an Abraham: „Zieh fort aus deinem Land, in das Land, das ich dir zeigen werde."
Doch Ruts Entscheidung übertrifft die Glaubenstat Abrahams. Sie bricht nicht nur mit Familie, Land und Glauben, sondern sie kehrt auch die Verpflichtung einer Frau um: Eine junge Frau bindet sich an das Leben einer alten Frau, anstatt nach einem Ehemann zu suchen. Eine Frau erwählt eine andere, in einer Welt, in der das Leben von Männern abhängt. Ohne Sorge um die eigene Zukunft nimmt sie sich der alten Frau an. Gleichzeitig bindet sie sich bis ans Lebensende an Jahwe, ihren Gott: „Dein Gott ist mein Gott." Sie schenkt ihren Glauben einem Gott, den sie hauptsächlich in einer älteren Frau verkörpert findet, die sie liebt und der sie sich völlig überantwortet.
Diese alte Frau ist „nichts" und gilt „nichts". Für den Glauben der Rut ist dies sehr wichtig. Denn der in Noomi verkörperte Gott ist dann gleichzusetzen mit Machtlosigkeit, Armut und Nichts-Sein. Rut wählt den Gott der Unterdrückten, nicht den der Elite und der Begüterten. Und Rut wagt es, in den bitteren Stunden ihres Lebens, als sie ohne Hoffnung und Aussicht

auf ein besseres Leben ist, als sie sich ganz unten befindet, sich an diesen Gott zu hängen, ihr Leben an diesem Gott festzumachen, den guten Grund ihres Lebens in diesem Gott zu suchen!

Aus diesem Vertrauen auf Jahwe kann sie zum Segen für ihre Schwiegermutter werden. Dies will uns auch das Bild Rembrandts zeigen, das Sie bitte zur Hand nehmen: Boas schüttet Korn in Ruts Mantel. Es zeigt eine Szene, die ziemlich am Schluß der Erzählung steht. Rut hat sich nachts auf der Tenne dem Boas zu Füßen gelegt. Am Morgen, so erzählt die Bibel, schüttet er sechs Maß Gerste in das Umhängetuch der Rut.

Diese Szene und diese Zeichnung kann auch ein schönes Sinnbild für den Ausgang der Erzählung sein. „Da wird eine Ernte gefeiert. Korn wächst auf dem trockenen Acker von Betlehem, hart am Rande der Wüste. Ein Mann sammelt seine Ernte ein und gibt sie weiter an zwei verarmte Frauen. Und dabei gewinnt er die eigentliche Ernte seines Lebens: eine Frau, die er liebt und die mit der gleichen Zuverlässigkeit, wie sie zu Noomi gestanden hatte, nun zu ihm stehen wird.

Auch Rut feiert Ernte. Nicht nur die Körner, die sie in ihr Tuch schlägt, sondern die neue Heimat im Haus eines verläßlichen Mannes und am Ende das Kind, den Sohn, der ihr als einer orientalischen Frau erst ihren vollen Rang verleiht.

Am reichsten aber war die Ernte für Noomi. Sie hatte ihren Mann und ihre beiden Söhne verloren. Sie stand am Ende ihrer Familiengeschichte, vor dem ‚Nichts'. Nun wird ein Kind geboren, das nicht von ihr abstammt. Aber sie hat das Recht, dieses Kind gleichsam als das für sie geborene zu adoptieren. In diesem Kind geht nun die Geschichte ihrer Familie weiter, und nach langen Jahren des Elends empfindet sie sich zum ersten Mal wieder als gesegnet" (nach Jörg Zink).

Das Beispiel des Mutes von Menschen wie Abraham und Rut, das Abenteuer Gott zu wagen, hat in Israel Schule gemacht. Bei seinem schweren Weg durch die Geschichte erfuhr das Volk Israel, daß der Garant für eine heilvolle Zukunft allein Gott ist und sein kann. Diese Erfahrung spricht der Prophet Jesaja aus: „Ja, Gott ist meine Rettung; ihm will ich vertrauen und niemals verzagen. Denn meine Stärke und mein Lied ist der Herr. Er ist für mich zum Retter geworden" (Jes 12, 2). Dies ist ein Ansporn, stets aufs neue das Leben mit dem Gott der Rut zu wagen, ihn zum Halt und zum Maßstab meines Lebens zu machen.

Auch Jesus von Nazaret steht in dieser Tradition des Wagens. Wenn wir seinen Stammbaum im Matthäus-Evangelium lesen, finden wir dort sowohl Abraham als auch Rut. Er brachte in seinem Leben die Zuverlässigkeit der Menschenliebe des Gottes Abrahams und Ruts in neuer, bisher nicht gekannter Weise zum Leuchten.

Als er in Betlehem geboren wurde, verkündeten die Engel Gottes uns Menschen Frieden und Heil. Dieses Angebot gilt noch immer. Wir sollen dieses Heilsangebot annehmen und im Vertrauen Wege zum Frieden in uns und unserer Welt beschreiten. Dabei brauchen wir keine Angst vor Rückschlägen zu haben. Wir wissen von vielen Rückschlägen des Volkes Israel. Doch immer wieder, über viele Generationen hinweg, hat das Volk die durchgehaltene Treue Gottes erfahren, so daß der Prophet Jesaja sagen konnte: „Ich will euch heilen und führen – Friede den Fernen und Friede den Nahen, Spruch des Herrn“ (Jes 57, 18a.19).
Diese Verheißung Gottes an Israel gilt auch uns. Denn durch die Auferstehung Jesu von den Toten hat Gott diese Botschaft für uns Menschen beglaubigt. Deshalb dürfen wir unser Leben voll Zuversicht auf Gottes Liebe und Kraft wagen, um dann mit Dankbarkeit „ernten“ zu können.

Tanz

(vorgetragen von einer Gruppe von Frauen)

Ausgangsstellung: Kre sform, hockend

Herr, du hast mein Klagen in

Die Tanzenden drehen sich von der Hocke ausgehend um sich selber, bis sie aufrecht stehen, die Arme trichterförmig nach oben ausgebreitet.

Tanzen verwandelt

Arme oben lassen, im Rhythmus des Liedes das Körpergewicht abwechselnd auf beiden Beinen verlagern und dabei leicht mit dem ganzen Körper mitwiegen.

Herr, du hast mich bekleidet mit Freude und Jubel

Immer zwei Tanzende sind zusammen, die ihre rechte Hand auf die rechte Schulter ihres Partners legen. Die linken Hände werden über den Köpfen zu einem Bogen zusammengelegt. Die Paare drehen sich um sich selbst.

Dir singt mein Herz

Wieder in die Kreislinie treten, nach außen schauen, mit den Händen eine Schale in Brusthöhe bilden und nach oben heben.

Und es wird nicht verstummen

Eine Halbdrehung machen, so daß alle wieder zur Kreismitte hinschauen. Die Arme herunternehmen und dann schwungvoll nach oben heben zur Kreismitte hin.

Herr, mein Gott, dir sei Preis und Dank in Ewigkeit

Die Hände werden durchgefaßt, und der Kreis dreht sich mit folgendem Tanzschritt nach rechts:
auf 3: Rechten Fuß nach rechts setzen.
auf 4: Linken Fuß hinter dem rechten überkreuzen.
auf 1: Rechten Fuß nach rechts setzen.
auf 2: Linken Fuß vor dem rechten überkreuzen.
Das Lied kann auch so getanzt werden, daß zuerst zwei tanzen, dann diese sich jeweils zwei neue Partner suchen und diese dann auch wieder, so daß allmählich alle tanzen. Die Bewegungen sind allerdings etwas schwieriger und müßten vorher kurz erklärt werden.

Einführung zum Evangelium

Im Evangelium begegnen wir Rut als Ahnfrau Davids und Jesu Christi. In ihr treffen wir ein Stück der Vorgeschichte des Neuen Bundes. Rut ist nicht nur eine moabitische und hebräische Figur. Ihre Geschichte hat

letztlich die ganze Menschheitsgeschichte beeinflußt. Denn der Messias, dessen Abstammung über sie läuft, ist ja nicht nur der Erlöser Israels, sondern der Heiland der ganzen Welt.
Im Stammbaum Jesu nach Matthäus, in dem ihr Name steht, finden wir noch vier weitere Frauen: Tamar, Rahab, Batseba, die Frau des Urija, und Maria. Es war ganz ungewöhnlich in der damaligen Zeit, Stammütter zu nennen. Dazu sind vier von ihnen mit einem Makel behaftet: Rahab und Rut waren Heidinnen und Ausländerinnen; Tamar beging Blutschande mit ihrem Schwiegervater; Batseba brach die Ehe mit König David. Mit diesen Frauen im Stammbaum Jesu will der Evangelist seiner Gemeinde und auch uns sagen, daß in Christus alle Menschen gleich und zum Heil berufen sind. In der christlichen Gemeinde gibt es keine Unterschiede zwischen Juden und Heiden, Sklaven und Freien, Mann und Frau!

Evangelium: Mt 1, 1–6.16

Fürbitten

Herr, unser Gott, wir wenden uns vertrauensvoll an dich.

- Viele Menschen auf der Welt schreien nach Brot. Befreie sie von der Fessel des Hungers.
  Wir bitten dich, erhöre uns.
- Gib, daß alle reichen Völker bereit sind, den Hungernden zu helfen, so gut sie können.
  Wir bitten dich, erhöre uns.
- Bleibe bei allen, die tiefes Leid getroffen hat, und schicke ihnen Menschen, die an ihrer Seite bleiben.
  Wir bitten dich, erhöre uns.
- In unserem Land leben viele Ausländer. Hilf, daß wir und alle Menschen ihnen Gastfreundschaft gewähren.
  Wir bitten dich, erhöre uns.

Himmlischer Vater, um all das bitten wir dich, durch Jesus Christus, unseren Herrn.

Lied zur Gabenbereitung:
GL 490, 1–2: Was uns die Erde Gutes spendet

Gabengebet: Meßbuch II, Seite 349, Nr. 6

Präfation: Meßbuch II, Seite 406

Sanctus: GL 491: Heilig, heilig, heilig, Herr

Dankmeditation nach der Kommunion:
Text zu Psalm 30, s. Seite 15

Schlußgebet: Meßbuch II, Seite 525, Nr. 2

Schlußlied: GL 266, 1–3: Nun danket alle Gott

Verteilen der Ährensträußchen aus dem Korb am Altar

Literatur

Bitter, Gottfried: Das Leben wagen. Predigten über die Menschenfreundlichkeit Gottes, Düsseldorf 1982, S. 38–43.

Hansen, Johannes: Nach dem Dunkel kommt ein neuer Morgen. Psalm-Meditation, Wesel 1978, S. 7.

Mollenkott, Virginia: Gott, eine Frau? Vergessene Gottesbilder der Bibel, München 1985, S. 58–62.

Karssen, Grien: Frauen der Bibel, Neunhausen-Stuttgart 1985, S. 106–116.

Schneider, Waltraud: Getanztes Gebet. Vorschläge für Gottesdienste in Gemeinde und Gruppe, Freibrug i. Br., S. 30 f.

Zink, Jörg: Dia-Bücherei Christliche Kunst, Betrachtung und Deutung, Band 15: Mose- und Richtergeschichten, Eschbach 1985, Textband, S. 136–143.

Gottesknecht – Gottesmagd

Vorbemerkung

In diesem Gottesdienst kommt zum Ausdruck, daß wir als Frauen unsere Anliegen in die Gemeinde einbringen wollen. Aufhorchen läßt die Lesung aus dem Buch der Richter aus dem Alten Testament, in der das Schicksal des von Israel erwarteten Messias in der Geschichte einer Frau vorbildhaft dargestellt ist.
Jede/r Besucher/in erhält einen Handzettel mit folgenden Bildern und Texten:

Roland Peter Litzenburger
„Wenn das Weizenkorn stirbt …“

Stille, Leben, Frucht, Stille, Todesstille,
kaltgestellt und begraben, ein Stein vor dem Eingang des Grabes.

In Sterbensnot zersprungen, in die Nacht gezwungen,
beginnst du zu leben – Jesus, Gottes Weizenkorn.

Wenn das Weizenkorn stirbt, bringt es viele Frucht.
Es gibt etwas, was mein Begreifen übersteigt.

Beginne ich zu leben – aus dem Weizenkorn und
wie ein Weizenkorn, das sterbend Frucht bringt?

Max Dentler
Kreuzigung und Auferstehung

Jesus, der Gekreuzigt-Auferstandene, reckt sich stehend
auf einer dunklen Bahn der Ostersonne entgegen,
in die sich die Dornenkrone verwandelt hat.

Licht, Vollendung, Heil, Erlösung gibt es für uns Menschen
nur auf dem Weg, daß wir das Sperrige, Querliegende,
Blockierende in uns und in der Welt überwinden.

Jesus von Nazareth, Opfer und Überwinder des Bösen,
ist der glaubwürdige Zeuge eines heilschaffenden Gottes,
Wegweiser und Wegbereiter auch für uns.

Eingangslied: GL 166, 1–2: O Mensch, bewein dein Sünde groß

Begrüßung / Eröffnung

„Meine Augen schauen stets auf den Herrn; denn er befreit meine Füße aus dem Netz. Wende dich zu mir und sei mir gnädig; denn ich bin einsam und gebeugt" (Ps 25, 15–16).
Die Liturgie der Kirche beginnt mit diesen Versen die Feier des 3. Fastensonntags. Wir befinden uns am Scheitelpunkt der Fastenzeit. Unsere „Augen sehen" in der Ferne den auferstandenen Christus, und wir wissen bereits, daß er uns „aus dem Netz" der Sünde „befreit".

Doch zuvor müssen wir uns mit Leib und Seele hineinbegeben in die Passion Jesu, die ihn „beugt" bis zum Staub der Erde und ihn in die totale „Einsamkeit" führt. Diese Gedanken sind für unseren Gottesdienst jetzt Leitmotiv.
Im Zentrum aller Texte stehen unsere beiden Lesungen aus dem Alten Testament: das vierte Gottesknechtslied, das dem Propheten Deutero-Jesaja zugesprochen wird, und eine Erzählung aus dem Buch der Richter über den grausamen Opfertod einer jungen Frau. Es sind Aussagen aus der Geschichte des auserwählten Volkes, die nach Erlösung durch den von Gott verheißenen und vom Volk sehnlich erwarteten Messias rufen.

Schuldbekenntnis

Bevor wir miteinander Eucharistie feiern, wollen wir unsere Schuld bekennen:
- Du, Gott, bist in jedem Augenblick unseres Daseins für uns in Treue und Liebe gegenwärtig, aber wir vergessen dies allzuleicht in unserem Alltag, besonders wenn es uns gutgeht. Wenn Leid über uns kommt, dann klagen wir: Warum läßt Gott dies zu? und möchten uns von dir abwenden.
- Du, Gott, bist jederzeit bereit, alles Böse an uns zu vergeben, aber wir rechnen unseren Mitmenschen jede Kleinigkeit, die uns mißfällt, als Schuld an und zögern mit der Vergebung.
- Du, Gott, sprichst in vielfältiger Weise zu unseren Herzen, auch durch die Kirche. Wir wollten in dieser Fastenzeit zur Besinnung über unser Leben kommen und wirklich umkehren, aber wir sind wieder zu schwach oder auch zu stolz, finden immer Entschuldigungen für Versäumtes. Oder wir meinen, mit unserem eigenen Aktivismus die Probleme unseres Lebens meistern zu können, statt im Gespräch mit dir in aller Demut uns Weisungen zu erbitten.

Kyrie

Herr Jesus, du gehorsamer Gottesknecht hast uns Nachlaß und Verzeihung unserer Sünden erwirkt, deshalb rufen wir zu dir:
Herr, erbarme dich. Christus, erbarme dich. Herr, erbarme dich.

Gebet

Gott, unser Vater, du bist der Grund unserer Hoffnung. Du schenkst uns, deiner Kirche, wieder deine Gnade, deine Treue und Liebe, damit wir im

Glauben immer tiefer die Erlösungstat deines Sohnes in Knechtsgestalt erkennen und bereit werden, in seiner Nachfolge unser ganzes Leben deinem Willen anheimzugeben; denn du willst auch uns durch Leiden und Kreuz in die Vollendung führen. Durch Christus, unseren Herrn.

Einführung zur ersten Lesung

Im Jahre 587 vor Christus war Nebukadnezzar, der König von Babylon, mit einem großen Heer in Palästina eingefallen. Er umzingelte die Stadt Jerusalem, ließ alles in ihr niederbrennen und viele Menschen töten. Ein Teil des Volkes, der dies Morden überlebte, wurde in die Sklaverei, in die babylonische Gefangenschaft geführt, unter ihnen auch ein Prophet, dessen Namen wir nicht kennen, den die Schrift einfach „Deutero-Jesaja", das heißt „Zweiter Jesaja", nennt.
Von ihm hören wir nun das vierte Gottesknechtslied, eine Dichtung von großer Bedeutung für Jesus und das alte und neue Israel.

Erste Lesung: Jes 52, 13–53,12

Zwischengesang: GL 163, 1: Aus tiefer Not schrei ich zu dir

Einführung zur zweiten Lesung

In der zweiten Lesung hören wir von einer Gottesmagd, die in einer Welt des Schreckens das Opfer von Brutalität wird. Diese Geschichte findet ihre Entsprechungen in der Geschichte der Menschheit, auch in unserer Zeit. Menschliches Handeln wird oft von Bösem gelenkt: Schwaches wird unterdrückt, gequält, geschändet – Haß nimmt gefangen und mordet. Geben uns die Schlagzeilen unserer Presse nicht oft genug Bericht davon?
Im Buch der Richter hören wir von einem jungen Mann aus Efraim, einem Leviten, der eine Nebenfrau aus Betlehem hat. Wegen Auseinandersetzungen kehrt sie zu ihrem Vater zurück. Nach Monaten macht sich der Levit auf den Weg zu ihr, um „zu ihrem Herzen zu sprechen", wie die Schrift sagt. Vier Tage genießt er die Gastfreundschaft seines Schwiegervaters, ohne allerdings ein Wort an seine Nebenfrau zu richten. Am fünften Tag tritt er mit ihr den Heimweg an. Sie erreichen kurz vor Nacht Gibea, und aus Mitleid nimmt sie ein alter Mann in sein Haus auf.
Was sich jetzt ereignet, hören wir aus dem Buch der Richter.

Zweite Lesung: Ri 19, 22–28

Diese grausame Opfertat zieht blutige Rache unter den Volksstämmen nach sich. Der Ruf „Wort des lebendigen Gottes“ entfällt. (Wir waren in der Gruppe der Meinung, daß er nach dieser Erzählung nicht angebracht ist.)

Kurze Stille – meditatives Orgelspiel

Evangelium: Joh 2, 17–22

Besinnung
(von einer Sprecherin vorgetragen)

Liebe Mitchristen und Mitchristinnen!
Der französische Schriftsteller Albert Camus erzählt uns in seinem Roman „Die Pest“ vom Tod eines Kindes. „Als die glühende Flut das Kind zum drittenmal erreichte und es ein wenig emporhob, kauerte es sich zusammen, kroch voll Entsetzen vor der sengenden Flamme tiefer ins Bett, bewegte den Kopf wie irrsinnig und warf die Decke von sich. Dicke Tränen drangen unter den entzündeten Lidern hervor und rollten über das bleifarbene Gesicht. Als der Anfall vorüber war, nahm das erschöpfte Kind ... im zerwühlten Bett die groteske Stellung eines Gekreuzigten an. ... Mit offenem, aber stummem Mund ruhte das Kind inmitten der durcheinandergeworfenen Decken. ... Da richtete sich Rieux mit einem Schlag auf. Mit der ganzen Kraft der Leidenschaft, derer er fähig war, schaute er Paneloux an und schüttelte den Kopf. ‚Nein Pater‘, sagte er. ‚Ich habe eine andere Vorstellung von der Liebe. Und ich werde mich bis in den Tod hinein weigern, die Schöpfung zu lieben, in der Kinder gemartert werden.‘“ Und der jüdische Schriftsteller Josef Roth sagt in einem seiner Bücher: „Gütiger als Gott ist der Teufel. Da er nicht so mächtig ist, kann er nicht so grausam sein.“ – Ein Ausspruch, den auch die Frau aus dem alten Israel, von der wir in der Lesung gehört haben, hätte sagen können.
Damit sind wir mitten in den Fragen „Warum gibt es auf unserer Welt soviel Leid?“ – „Warum läßt Gott das zu?“ – „Wie kann ich an einen seine Geschöpfe liebenden Gott glauben angesichts des millionenfachen sinnlosen Leids in der Welt, der Kriege, der Judenvergasungen; angesichts gefolterter Menschen und geschändeter Frauen oder angesichts des Sterbens auch nur eines kleinen Kindes?“ Diese Fragen sind so alt wie die Menschheit. Sie sind Urfragen der Theologie.

Es wurde immer wieder versucht, auf diese Fragen Antworten zu geben. Vier geläufige, auch für uns verständliche Versuche möchte ich Ihnen zunächst aufzeigen:

Der erste Versuch sagt: Leid ist eine unvermeidliche Begleiterscheinung einer vielschichtigen und in ihrer Entwicklung befindlichen Welt. In der Natur gehört nun einmal der Kampf ums Dasein dazu. Er ist unvermeidbar, und es gibt keinen ernsthaften Grund, Trauergesänge anzustimmen, weil der Karpfen den Stichling schluckt. Was wir hier Schmerz und Tod nennen, ist nur ein Trick der Natur, um mehr Leben zu haben. Alles Böse in der Welt, das auch Ursache des Leids ist, ist auf die natürliche Welt zurückzuführen, auf Vererbung, psychische Fehlleistungen, Erziehung usw.

Der zweite Versuch sagt: Leid ist der Preis der Freiheit – eine Theorie, die Ihnen sicher sehr geläufig ist. Am Anfang der Menschheitsgeschichte hat es paradiesische Leidfreiheit gegeben. Da aber Gott dem Menschen die völlige Freiheit gab, hat der Mensch diesen paradiesischen Zustand verspielt.

Der dritte Versuch verweist auf das ewige Leben nach dem Tod und unsere leidvolle Geschichte. Wir Christen sind gewiß Menschen, die in tapferer Hoffnung Ausschau halten können auf das ewige Leben ohne Tod, Schmerz und Tränen. Doch ewiges Leben ist auch denkbar ohne das Mittel des Leids.

Der vierte Versuch ist eine traditionelle Antwort auf unsere Frage. Er besagt: Gott läßt uns leiden, um uns zu prüfen und um uns reifen zu lassen.

Doch alle diese Antworten sind vorläufige Notlösungen. Sie lassen den Leidenden sofort zur Ausgangsfrage zurückschnellen: Warum gerade ich, warum gerade meine Tochter, warum gerade mein Sohn, mein Mann, warum, warum . . . ?

Was sollen wir als Christen dazu sagen? Müssen wir unsere Grundfrage einfach unbeantwortet stehenlassen?

Fangen wir unsere Überlegungen nochmals aufs neue – von einem anderen Ausgangspunkt – an: Schauen wir auf die alttestamentliche Lesung vom Gottesknecht. Die Israeliten in der Gefangenschaft fragten den Propheten: Wo ist nun unser Gott? Warum sind wir verschleppt und gedemütigt worden? Warum Leid und Verfolgung? Seine Antworten darauf stehen im gerade gehörten Gottesknechtslied. Dieses Lied bringt eine Umkehrung aller bisherigen Logik: Damals glaubten die Menschen, daß der Schöne, der Gesunde von Gott erwählt und gesegnet sei. Aber der Gottesknecht ist ein unansehnlicher Mensch, von Krankheiten geplagt und schließlich dahingeschlachtet. Doch dieser hilflos-verlassene Mensch ist

nicht von Gott verlassen, er ist nicht vogelfrei. Der Verworfene ist der von Gott Auserkorene. Eine Vorstellung, die aus tiefer Not geboren wurde und dem Volk Kraft gab, seine Leiden zu tragen, denn Gott steht auf der Seite der leidenden Menschen. Doch die Unbegreiflichkeit des Leidens bleibt auch hier bestehen, denn auch Gott ist für uns Menschen unbegreiflich. Und die Unbegreiflichkeit des Leidens aufzulösen würde bedeuten, die Unbegreiflichkeit Gottes aufzuheben, ohne die Gott nicht Gott wäre.
Wenn wir also das Leid annehmen, bedeutet das zugleich auch die Annahme der Unbegreiflichkeit Gottes und seiner Freiheit. Wenn wir uns so in Liebe in Gottes Geheimnis hineingeben, dürfen wir darauf vertrauen, daß Gott die oft wirren Fäden unseres Lebens zu dem Bild knüpft, das unser Heil ist.
Doch woher nehmen wir die Kraft, die Zuversicht zu diesem Ja in Liebe? Der liebende Gott läßt uns nicht hilflos in dieser Frage zurück. Bereits im Gottesknechtslied leuchtet die Hoffnung durch, daß Gott diesem gemarterten Menschen Heil zukommen lassen wird. Gott erbarmt sich des Getöteten, den man bei den Verbrechern verscharrt hat. Er rettet ihn aus der Schmach und Verachtung.
Was Deutero-Jesaja vom Gottesknecht sagt, bezogen die Christen sehr früh auf Jesus, auf sein Sterben und seine Auferstehung. Jesus kannte die Geschichte und den Glauben seines Volkes, auch die Gottesknechtslieder. So gab es nichts, das Jesus vom Vater hätte trennen können. Gibt es ein sinnloseres Leben als dieses, das im Stall beginnt und am Galgen endet? Das Geheimnis Gottes bleibt bestehen! Jesus hat es nur dadurch durchstoßen, daß er sein Leben und sein Leiden ganz in das Geheimnis Gottes legte. „Vater, in deine Hände empfehle ich meinen Geist", so spricht Jesus am Kreuz. Im gläubigen Mitvollzug der Worte Jesu am Kreuz geben wir Antwort auf die bedrängende Grundfrage vom Leid, so wie der große Theologe Karl Rahner kurz vor seinem Tod in einem Gebet: „Am Ende gehe ich mit leeren Händen fort. Ich weiß es. Aber so ist es gut. Dann will ich auf den Gekreuzigten schauen. Und gehen. Was kommt, ist die selige Unbegreiflichkeit Gottes."
Doch schauen wir nochmals auf Jesus. Wir als Christen sind überzeugt, daß die Antwort, die Jesus auf das Leid gab, nämlich die völlige Übergabe in das Geheimnis Gottes, von Gott als ewig gültig und seligmachend angenommen wurde.
Das möchte auch unser Bild ausdrücken, das auf den ausgeteilten Blättern zu sehen ist. Wir sehen einen niedergedrückten Menschen, brutal unterdrückt in einer Welt von Asphalt, Stacheldrähten, Todeszäunen. Aber der Hinabgedrückte, Kaltgestellte hat die Form eines Weizenkorns, das sterbend Frucht bringt. Um ihn wächst – einer Höhle gleich – schon ein

Raum der Freiheit, ein Widerstandsnest, eine Keimzelle unzerstörbarer Hoffnung. Wie viele, die niedergedrückt wurden, wurden schon zum Weizenkorn! Der ermordete Knecht Gottes Martin Luther King, der die Menschen in den USA zum Umdenken in ihren Beziehungen zu den Schwarzen ermutigte. Da gibt es die Magd Gottes Edith Stein, die als getaufte Jüdin in Auschwitz vergast wurde. Die Saat ihrer Schriften und Gedanken geht jetzt erst richtig in unseren Tagen auf.
Betrachten wir zum Abschluß noch einmal unser Bild:
Stille, Leben, Frucht, Stille, Todesstille.
In Todesstille – Todesangst.
Totenbleich, kaltgestellt und begraben.
Wälzte einen Stein vor den Eingang des Grabes.
Wenn das Weizenkorn stirbt, bringt es viele Frucht! –
In Verzweiflung zersprungen und in die Nacht gezwungen! –
Beginnst du zu leben?
Jesus, Gottes Weizenkorn! Es gibt etwas, was mein Begreifen übersteigt. –
Beginnst du zu begreifen?

Fürbitten

Herr Jesus Christus, du bist Mensch geworden, um uns zu erlösen, um alle Menschen mit Gott und untereinander zu versöhnen. Es ist das geheimnisvolle Gesetz des Lebens, daß nur im Leid und Kreuz Versöhnung erwirkt wird. Wir bitten füreinander:

- Hilf allen unheilbar Kranken, allen Unterdrückten und Verfolgten, schikke ihnen verständnisvolle, hilfsbereite Mitmenschen.
  Christus, höre uns. Christus, erhöre uns.
- Stärke den Glauben der Menschen, die unter ihrem persönlichen Kreuz zusammenbrechen, damit sie im Blick auf dich, den Kreuzträger, doch noch einen Sinn für ihr menschliches Los finden können.
  Christus, höre uns. Christus, erhöre uns.
- Laß uns alle in der Gemeinde immer deutlicher erkennen, was das Bild vom Weizenkorn für das Wachsen des Reiches Gottes in unserer Welt aussagt, und mache uns zu selbstlosem Handeln fähig.
  Christus, höre uns. Christus, erhöre uns.
- Bewahre uns vor Resignation und Verzweiflung, weil in unserer Welt, im kleinen und großen, so wenig Versöhnung offenbar wird.
  Christus, höre uns. Christus, erhöre uns.
- Gewähre unseren Verstorbenen das Glück der Vereinigung mit dir und dem Vater im Heiligen Geist.
  Christus, höre uns. Christus, erhöre uns.

Heiland der Welt, wir danken dir für das Opfer deines Lebens, das uns Heil bringt. Nimm unseren guten Willen als Gabe gnädig an.

Lied zur Gabenbereitung: GL 620, 1–2: Das Weizenkorn muß sterben

Gabengebet

Herr, unser Gott, mit den Gaben von Brot und Wein bringen wir dir auch unsere Schmerzen und unser Leid. Stärke uns im heiligen Mahl für all die Nöte, in denen wir stehen. Das erbitten wir durch Christus, unseren Herrn und Bruder im Leid. Amen.

Präfation: Meßbuch I, Seite [10]

Sanctus: GL 481: Heilig, heilig, heilig ist Gott, der Herr der Mächte

Kommunionvers: Phil 2, 8

Lied zur Kommunion:
GL 183, 1.3–5: Wer leben will wie Gott auf dieser Erde

Meditation

Das Bild eines Künstlers unserer Zeit – es ist das zweite Bild auf unserem Blatt – möge uns zu den Gedanken unseres Gottesdienstes noch eine gute Aussage mit auf den Weg geben. Jesus, der Gekreuzigt-Auferstandene, hängt nicht am Pfahl des Kreuzes, sondern reckt sich, stehend auf einer dunklen Bahn, der Ostersonne entgegen, in die sich die Dornenkrone verwandelt hat. Aber vor dieser Sonne, dem Inbegriff des Sieges und der Vollendung, liegt wie ein Riegel der verbliebene Querbalken des Kreuzes.
Der zum Licht sich streckende Christus, Zeichen für alles Lebendige überhaupt, will uns sagen: Licht, Vollendung, Heil, Erlösung, gibt es für uns Menschen nur auf dem Weg, daß wir das Sperrige, Querliegende, Blockierende in uns und in der Welt überwinden. Nur so ist Fortschritt, Menschlichkeit, Hoffnung möglich.
Doch auch um die Ostersonne ist noch Dunkel, auch in ihr ist noch quergestreifte Maserung des Holzes zu sehen. Ein Hinweis darauf, daß es nicht darum gehen kann, das Böse auszurotten, den Tod zu ver-

schweigen, die Schuld zu vermeiden, sondern darum, dem Bösen nicht das alleinige Recht zu geben, dem Tod nicht das letzte Wort zu lassen, die Schuld anzunehmen und zu überwinden durch Wiedergutmachung, Verständigung, Versöhnung – so daß Schuld zur angenommenen, verarbeiteten, überwundenen und gleichsam glücklichen Schuld werden kann.
Grund solch menschlicher Hoffnung ist der gekreuzigte und auferstandene Jesus von Nazaret, selbst Opfer und Überwinder des Bösen, aber gerade so für uns ein glaubwürdiger Zeuge eines heilschaffenden Gottes, Wegweiser und Wegbereiter, auch für uns.

Schlußgebet

Herr, unser Gott, du hast uns im heiligen Mahl gestärkt. Durch den freiwilligen Opfertod deines Sohnes ist uns die Versöhnung geschenkt und ewiges Leben verheißen. Öffne uns Augen und Herz für das Leid unserer Schwestern und Brüder, und laß uns durch selbstloses Dienen Christus, dem gekreuzigten und auferstandenen Herrn, in Treue nachfolgen. Er lebt und herrscht mit dir in der Einheit des Heiligen Geistes, Gott von Ewigkeit zu Ewigkeit.

Schlußlied: GL 297, 1.5: Gott liebt diese Welt

Literatur

Greshake, Gisbert: Der Preis der Liebe. Besinnung über das Leid, Freiburg i. B. 1978.

Rahner, Karl: Worte vom Kreuz, Freiburg i. B. 1980.

Sölle, Dorothee: Gottesknecht und Gottes Magd in El Salvador und bei uns. Bibelarbeit zu Jesaja 42, 1–9, in: Das Kreuz – Baum des Lebens, hrsg. von Schottroff, Luise/Wartenberg-Potter, Bärbel/Sölle, Dorothee, Stuttgart 1987, S. 79 f.

Frauen verkünden die Osterbotschaft

Vorbemerkung

Dieser Gottesdienst wird in der Osteroktav gefeiert. Wir erinnern uns daran, daß die Frauen, die Jesus begleitet haben, als erste die Osterbotschaft verkünden. In der Lesung aus der Apostelgeschichte begegnet uns eine Frau der frühen Kirche. Sie hat für die Ausbreitung des Christentums in Europa eine entscheidende Rolle gespielt. Mit dieser Lesung sind wir auch mit der Liturgie der Kirche verbunden, die in dieser Woche seit alters her die Lesungen aus der Apostelgeschichte nimmt.

Eingangslied: GL 221, 1– 2. 5– 6: Ihr Christen, singet hocherfreut

Begrüßung / Eröffnung

1. Sprecherin: In diesem Gottesdienst wollen wir uns erneut der österlichen Freude ganz bewußt werden. Die großen eindrucksvollen Feiern der Karwoche und der Ostertage leben noch stark in uns. Wir haben Geborgenheit gefunden in der Gemeinschaft gläubiger Christen. Gesungenes und gesprochenes Wort hat unsere Herzen zutiefst berührt und unseren Glauben gestärkt.
Doch wir haben schon wieder erfahren müssen, daß wir im Alltag unseres Lebens von Leid, Schmerz, Verzichtenmüssen, Enttäuschung und Gefordertsein bedrängt werden. Darum wollen wir in dieser Eucharistiefeier, die wir in geschwisterlicher Verbundenheit begehen, Kraft schöpfen für unser neues Leben in Christus. Glaube, Hoffnung und Liebe mögen unseren Alltag als Früchte des österlichen Geschehens durchdringen und heiligen. So können auch wir die Frohe Botschaft der Frauen am Ostermorgen hineintragen in unsere Welt.
Zu Beginn unserer Feier wollen wir vor Gott unser Fehlverhalten überdenken und ihn um Nachlaß unserer Schuld bitten. Wir übernehmen dabei Worte eines gläubigen Dichters unserer Tage, die er dem von Gottes Liebe sprechenden Psalm 103 nachempfunden hat.

2. Sprecherin: „Laßt uns aufhören mit undankbarer Klage, grundlosem Gejammer, kleingläubiger Sorge. Unsere Augen sind blind, unsere Ohren taub und alle Sinne stumpf geworden für Gottes Güte.

Wir verwöhnten Kinder des Wohls baden in Selbstverständlichkeiten, schreien nach neuen Spielzeugen, haben das Staunen verlernt und Gott zum Lieferanten unserer Sicherheit gemacht.
Unser Glaube ist weich und träge geworden. Wir wollen geliebt werden, ohne selbst zu lieben. Wir wollen Hilfe, ohne selbst zu helfen. Wir wollen Vergebung, ohne selbst zu vergeben.
Unsere Erinnerungen verblassen schnell, doch unsere Erwartungen wachsen ständig. Nehmen ist uns seliger als Geben, und Bedürfnisse werden uns lästig.
Wir bedenken unser Leben nicht mehr vor Gott und vergessen darum zu danken. Wir wollen gelobt werden und vergessen darum zu loben.
Wir werden immer ärmer, unsere Seelen bluten aus, unser Leben wird langweilig.
Laßt uns wieder loben, wie der alte Beter lehrt:
Lobe den Herrn, meine Seele, und was in mir ist, seinen heiligen Namen. Lobe den Herrn, meine Seele, und vergiß nicht, was er dir Gutes getan hat."

Johannes Hansen

Kyrie: GL 463: Herr, erbarme dich

Gloria: GL 218, 1.5: Gelobt sei Gott im höchsten Thron

Gebet

Herr, unser Gott, oft stehen wir ratlos vor vielen Fragen, die uns bedrängen, und wissen nicht ein und aus. Zweifel kommen uns, Vielfalt der Meinungen verwirrt uns, die Erfahrung der Sinnlosigkeit und Vergänglichkeit setzt uns zu. Schenk uns Klarheit, damit auch uns, wie den Jüngern und Jüngerinnen Jesu die Augen aufgehen, und wir unser Leben im Licht seiner Osterbotschaft neu annehmen und begreifen. Das erbitten wir durch Christus, unseren Bruder und Herrn.

Einführung zur Lesung

1. Sprecherin: Unsere Lesung ist dem Bericht über die zweite Missionsreise des heiligen Paulus entnommen. Eine Frau mit Namen, Herkunft, Wohnort und Beruf wird uns hier vorgestellt, nämlich Lydia, die Purpurhändlerin in Philippi, einer Stadt in Mazedonien.
Lydia stammt aus Thyatira in Kleinasien. Es wäre interessant, dieses Leben näher zu betrachten, doch heute ist für uns entscheidend, daß eine

Frau eine geschichtlich bedeutende Schlüsselstellung in der Ausbreitung des frühen Christentums einnimmt.
Lydia ist der erste europäische Mensch, eine Frau, die sich von Paulus taufen läßt und von jetzt an dem Christentum in dieser weithin berühmten Stadt im Südosten Europas dient. Ihr Haus wird Sitz der ersten Christengemeinde auf europäischem Boden.
In der kurzen Erzählung, die wir hören, finden wir ähnliche Stellen bei der Bekehrung dieser Frau wie in der Ostergeschichte der Emmausjünger, z.B.: Der Herr öffnet ihr Herz, so daß sie die Worte des Paulus versteht; oder: sie bittet Paulus und seinen Gefährten: Kommt in mein Haus, und bleibt da.
Lydia – eine Frau, die nach der Wahrheit sucht und sie jetzt gefunden hat. Sie wird Werkzeug in der Ausbreitung des Glaubens an den gekreuzigten und auferstandenen Christus.

Lesung: Apg 16, 11–15

Zwischengesang: GL 216: Singt das Lob dem Osterlamme

Evangelium: Lk 23, 55–24,12

Betrachtung

1. Sprecherin: Engelserscheinung am Grab – wir erinnern uns an die Engelsbotschaft von Weihnachten.
Der Evangelist Lukas hat durch diese Engelserscheinungen seinem Evangelium vom Leben Jesu gleichsam einen Rahmen gegeben. Was den Hirten verheißen war, ist jetzt erfüllt. Die Armen und Schwachen Israels hat Gott für seine Offenbarungen auserwählt: die Hirten bei der Geburt Jesu und die Frauen am leeren Grab. Beide Gruppen glauben den Engeln und handeln danach ohne Zögern.

2. Sprecherin: Ihr Frauen, treue Gefährtinnen, Mutige, Verzweifelte, Liebende, ihr seid die Füße der Freudenboten, die ankünden die frohe Botschaft (vgl. Jes 52, 7).
Die Liebe sieht schneller, begreift schneller. Es hat euch zurückgezogen zu dem Ort, wo das war, was noch von ihm geblieben ist.
Ein nachtschwarzer Sabbat voll Angst hinter euch, ruhelos und erschöpft, betäubt und hellwach zugleich.

Daß es so geendet hat . . . Zum Grab eurer Hoffnung gegangen – und erfahren, daß er lebt.

1. Sprecherin: Die Osterbotschaft verändert den Menschen! Zuerst erfahren dies die Frauen. Trauer hat diese kleine Gruppe noch stärker als Gemeinschaft zusammengefügt. Sie geben sich gegenseitig Mut, raffen sich auf, um den Leichnam Jesu zu salben, um ihrem Meister die letzte Zärtlichkeit zu erweisen.
Aus Trauer, Entsetzen und Leere werden Staunen, Hoffnung und Freude. Die Frauen glauben und eilen, Gottes Auftrag zu erfüllen. Jesus lebt! Das ist auch unser Osterglaube, den wir weitertragen und in Freude durch unser Leben bekennen sollen.

Fürbitten

Herr Jesus Christus, bei den Lebenden sollen wir dich suchen. Voll Vertrauen beten wir zu dir:

– Wir bitten dich für alle auf deinen Namen getauften Frauen in der Welt. Laß sie und uns erkennen, welche besondere Aufgabe ihnen aufgetragen ist in der Ausbreitung der frohen Osterbotschaft.
  Christus, höre uns. Christus, erhöre uns.
– Wir bitten dich für alle Frauen in den Ländern, die unter besonderen Nöten zu leiden haben, sei es soziale Unterdrückung, Ausbeutung in Beruf und Familie, Armut, Wohnungsnot und Hunger. Laß sie aus ihren Ängsten Befreiung finden durch deine Passion und Auferweckung und durch die Hilfe gütiger Menschen.
  Christus, höre uns. Christus, erhöre uns.
– Wir bitten dich für alle Mütter unserer Gemeinde, besonders auch für die alleinstehenden und diejenigen, die ein behindertes Kind haben. Schenke ihnen Geduld und Güte und die Hilfe des Gebetes. Laß sie Dankbarkeit erfahren.
  Christus, höre uns. Christus, erhöre uns.
– Wir bitten dich für die jungen Mütter unserer Kommunionkinder und Firmlinge. Laß sie begreifen, daß ihre Kinder nicht nur Belehrung von seiten der Kirche brauchen, sondern ganz entscheidend das Vorbild gelebten Christseins.
  Christus, höre uns. Christus, erhöre uns.
– Wir bitten dich für unsere Verstorbenen, aber auch für alle guten Menschen, die sich um Sterbende bemühen. Schenke ihnen und auch uns die Gnade der Auferstehung zu einem neuen Leben in dir.
  Christus, höre uns. Christus, erhöre uns.

Lob und Dank sei Gott, dem Vater, durch seinen Sohn, Jesus Christus, im Heiligen Geist, heute, alle Tage und in Ewigkeit.

Lied zur Gabenbereitung:
GL 227, 1–3.11–12: Danket Gott, denn er ist gut

Gabengebet

Gott, unser Vater, mit diesen Gaben von Brot und Wein legen wir vertrauensvoll unser Leben in deine Hände. Schenke uns ein neues Herz und eine neue Gesinnung. Durch Christus, unseren auferstandenen Herrn.

Präfation: Meßbuch II, Seite 386

Sanctus: GL 219, 1–2: Die ganze Welt, Herr Jesu Christ

Agnus Dei: GL 461: Lamm Gottes

Kommunionvers: Lk 24, 5b.6

Lied zur Kommunion:
GL 219, 3–6: Jetzt grünet, was nur grünen kann

Meditation

3. Sprecherin: Der Dichter, der uns zu Beginn des Gottesdienstes zur Buße aufgerufen hat, will uns nun mit Osterfreude erfüllen, die wir mit dem auferstandenen Christus schon jetzt in unserem Leben verwirklichen können:

Feiert mit mir
das Fest aller Feste!
Schmückt trauernde Häuser,
kehrt Schmutz von den Straßen!
Laßt leere Tische sich biegen,
schlagt verschlossene Fässer auf!
Freut euch mit mir
am Wunder aller Wunder!

Kommt aus Kellern der Angst,
öffnet verriegelte Türen!
Reißt dumpfe Fenster auf,
springt in helle Freiheit!
Lacht mit mir
voll der Freude aller Freuden!
Das Grab aller Gräber wurde gesprengt.
Der Stein der Verzweiflung ist weggerollt.
Der Mann der Schmerzen lebt unter uns.
Die neue Welt hat ihren ersten Tag.
Singet mit mir
vom Sieg aller Siege!
Fegt die Angst aus den Herzen,
lacht dunklen Mächten ins Gesicht.
Widersteht den Herren von gestern.
Wagt schon heute das Leben von morgen.

Johannes Hansen

Schlußgebet

Barmherziger Gott, in Tagen der Angst und der Einsamkeit, bei schwierigen Aufgaben und in Bedrängnis gibst du, Gott, mir Stärke. Im Kampf für Wahrheit und Gerechtigkeit, im Einsatz und in der Enttäuschung machst du, Gott, mich gewiß. Wenn ich traurig bin oder wenn ich lache, bei den alltäglichen Dingen und bei der Arbeit bist du, Gott, mein Begleiter. Immer bist du, Gott, die Freude in meinem Leben und der Friede auf meinen Wegen. Wir danken dir in Christus, unserem Herrn.

Zur Entlassung

3. Sprecherin: Geht hin mit Maria. Der Morgen erwacht. Euer Mißtrauen wird sich wandeln in Verstehen, eure Traurigkeit in Mut und eure Angst in Liebe. Amen.

Schlußlied: GL 576, 1–4: Freu dich, du Himmelskönigin

II. Der kirchengeschichtliche Ansatz

Darstellung

Männer machen Geschichte, natürlich auch Kirchengeschichte. Frauen ziehen dabei immer den kürzeren. Magdalena Bußmann, die sich besonders mit Fragen der Kirchengeschichte befaßt, drückt dies überspitzt formuliert so aus: Man meine, „in der Kirchengeschichte ginge es weitgehend um Männer, Mitren, Macht und Management, immer zur größeren Ehre Gottes selbstverständlich"[1].
Geschichte – auch Kirchengeschichte – wurde von Mächtigen und Siegern geschrieben. Wie sähe eine Geschichte aus, die von den Unterlegenen, von den Machtlosen, zu denen auch der größte Teil der Frauen gehörte, geschrieben würde? Wo sprechen sie? Wo hören wir von ihnen?[2] Liegt es nicht auch an uns, ihnen Stimme und Ansehen zu geben?
Welch ein Reichtum an Frauenerfahrungen und -wissen zutage gefördert werden kann, haben die Teilnehmerinnen beim „Fest der tausend Frauen" 1986 in der Alten Oper in Frankfurt bewiesen. Dieses Fest könnte für uns Frauen der Kirche auch Ansporn sein. So wie sie „mit Mut und Phantasie" die verlorene Geschichte der Frauen gesucht haben, sollten auch wir den Schatz unserer Frauengeschichte in der Kirche heben und das Erbe der Frauen für die Gegenwart fruchtbar machen.[3] Auch altvertraute (heilige) Frauen der Kirchengeschichte müssen wir neu beleuchten und entdecken. Mut dazu macht uns auch Elisabeth Gössmann. Sie weist u.a. darauf hin, daß Frauen schon immer in der Kirchengeschichte theologisch-philosophisch tätig waren. Sie nennt dies die andere Seite der Theologiegeschichte.
Ihr Schicksal ist es nur, daß sie praktisch von den theologischen Fakultäten nicht beachtet und totgeschwiegen werden. Deshalb ist es höchste Zeit, diese theologischen Schätze um der geschichtlichen Wahrheit willen zu heben.[4] Die Geschichte muß also „gegen den Strich gebürstet werden", soll sie nicht nur die Geschichte großer Kirchenmänner bleiben. So sollen auch die Frauen in der Kirchengeschichte für uns lebendig werden.[5]

Anmerkungen

1 Bußmann, Magdalena: Fragen zur Kirchengeschichte, in: Katechetische Blätter, 106. Jahrgang 1981, S. 185.

2 Vgl. Bußmann, Magdalena: a.a.O., S. 185.
Moltmann-Wendel, Elisabeth: Ein eigener Mensch werden, a.a.O., S. 12.

3 Vgl. Mit Mut und Phantasie. Frauen suchen ihre verlorene Geschichte. Eine Dokumentation, hrsg. von Mirus, Helma und Wisselink, Erika, Straßlach 1987, S. 9.

4 Vgl. Gössmann, Elisabeth: Hoffnung auf eine Zukunft der Theologie, in: Entwürfe der Theologie, hrsg. von Bauer, Johannes B., Graz-Wien-Köln 1985, S. 157–160.

5 Vgl. Bußmann, Magdalena: a.a.O., S. 185.

Partnerschaft von Mann und Frau beim Werk der Glaubensverkündigung Gedenktag der heiligen Lioba (28. September)

Vorbemerkung

In diesem Gottesdienst wird deutlich, wie wichtig Frauen für die Christianisierung Deutschlands waren und wie wenig sie doch in unserem Bewußtsein sind. Jeder kennt Bonifatius als den Apostel der Deutschen, aber wer spricht von der heiligen Lioba als „Apostola Germaniae", wie sie ein moderner Wandteppich in der ehemaligen Zisterzienserinnen-Abtei Wald zeigt?
Der im Gottesdienst verwendete Text aus den apokryphen Paulusakten richtet den Blick auf Thekla, eine frühchristliche Missionarin.
Alle Gottesdienstteilnehmer/innen bekommen einen Handzettel mit dem Bild der heiligen Lioba und einem Text aus einem alten „Frauenlexikon":

Das Leben der heiligen Lioba Wandteppich aus der Schulwerkstatt der Heimschule Kloster Wald

Lüba = Lioba

Lüba. Eine Gottesfürchtige Weibes=Person / zu Bischoffsheim in Francken umbs Jahr 746. war in der Theologie so erfahren / daß sie auf Anordnung S. Bonifacii in der Kirchen öffentlich predigte und die Gemeine im Glauben unterrichtete / da doch sonsten Paulus die Weiber in der Gemeine schweigen heissen.

(aus: Johann Caspar Eberti: Eröffnetes Cabinet Deß Gelehrten Frauenzimmers, Frankfurt/Leipzig, 1706)

Eingangslied: Gl 614, 1–2: Wohl denen, die da wandeln

Begrüßung / Eröffnung

1. Sprecherin: Heute feiern wir das Fest der heiligen Lioba. Sie lebte zur Zeit des heiligen Bonifatius. Dieser erhielt 719 von Papst Gregor II. den Missionsauftrag für Germanien. Er organisierte die Kirche in Bayern, Hessen und Thüringen durch Gründung von Bistümern und versuchte, die fränkische Kirche durch Synoden zu reformieren. Doch Bonifatius war klar: Missionsarbeit kann nicht nur allein von Männern getan werden. Deshalb bat er seine Verwandte Lioba, nach Germanien zu kommen „als Trost auf seiner Wanderschaft und Helferin bei seinem Werk".
In einem alten „Frauenlexikon" aus dem Jahre 1706 lesen wir: „Lüba (= Lioba). Eine Gottesfürchtige Weibes=Person / zu Bischoffsheim in Francken umbs Jahr 746. war in der Theologie so erfahren / daß sie auf Anordnung S. Bonifacii in der Kirchen öffentlich predigte und die Gemeine im Glauben unterrichtete / da doch sonsten Paulus die Weiber in der Gemeine schweigen heissen."
Auf einem von Schülern und Schülerinnen der ehemaligen Zisterzienserinnen-Abtei Wald gearbeiteten Wandteppich, der das Leben Liobas zeigt, lesen wir: „Komm übers Meer / Lioba + pflanze den Samen des Evangeliums in deutschen Landen. Lioba / Liebe / auf dir ruht die Hoffnung des Volkes. +++ Heilige Lioba / Apostola Germaniae / verlasse nicht das Land deiner Wanderschaft."
Lioba und ihre Gefährtinnen unterstützten den heiligen Bonifatius bei seiner Arbeit. Ihr Werk steht im Mittelpunkt dieses Gottesdienstes.

Kyrie

Herr, heute, am Fest der heiligen Lioba, rufen wir dich an mit allen, die an dich glauben und die dich mit wachem Herzen suchen.
Herr, erbarme dich.

Herr, wir preisen dich mit allen Missionaren, die ihr Leben in den Dienst deiner Verkündigung gestellt haben.
Christus, erbarme dich.
Herr, wir bereuen, daß wir oft keine glaubwürdigen Zeugen deiner Größe sind.
Herr, erbarme dich.
Der Herr reinige unsere Herzen und mache sie weit für seine frohe Botschaft.

Gebet: Meßbuch II, Seite 793

Einführung zu den Paulusakten

2. Sprecherin: Wir hören einen Text aus einer apokryphen Apostelgeschichte. Apokryphen nennt man alle jene frühen religiösen Schriften, die nicht in die Bibel aufgenommen wurden. Die neutestamentlichen Apokryphen geben uns einen Einblick in die Welt und den Glauben des jungen Christentums.
Eine solche apokryphe Schrift sind die Paulusakten. Hauptfigur neben Paulus ist Thekla. An ihrem Beispiel wird deutlich, daß sich auch in den ersten christlichen Jahrhunderten beim gemeinsamen Werk der Glaubensverkündigung Männer und Frauen als Partner empfanden.

Aus den Paulusakten

Thekla aber hatte Sehnsucht nach Paulus und suchte nach ihm, indem sie überallhin schickte. Und sie erhielt die Nachricht, er befinde sich in Myra. Da nahm sie Jünglinge, Diener und Mägde, gürtete sich und nähte ihren Rock zu einem Obergewand nach Männerart, und so langte sie in Myra an und traf den Paulus beim Verkündigen des Wortes Gottes und trat an ihn heran. Und Paulus nahm sie bei der Hand und führte sie in das Haus des Hermias, und er hörte ihren Bericht über alles an, so daß Paulus sich gewaltig verwundern mußte und die sonstigen Zuhörer Stärkung erfuhren und für Tryphäna beteten. Und Thekla erhob sich und sagte zu Paulus: „Ich ziehe nach Ikonium." Paulus aber sprach: „Zieh hin und lehre das Wort Gottes!" Tryphäna aber schickte ihr viel Kleidung und Gold, so daß sie dem Paulus davon zurücklassen konnte für den Dienst an den Armen. Sie selbst aber zog weiter nach Ikonium. Und als sie dies bezeugt hatte, zog sie fort nach Seleukia. Und nachdem sie viele durch das Wort Gottes erleuchtet hatte, entschlief sie eines sanften Todes.

Paulusakten 40a, b, c; 41; 42a; 43e, f

Lied: GL 644, 5: Gib den Boten Kraft und Mut

Evangelium: Joh 15, 5.8–12

Betrachtung

3. Sprecherin: Betrachten wir nun das Leben der heiligen Lioba und ihrer Gefährtinnen. Lioba stammt, wie der heilige Bonifatius, aus England. Sie wird um 710 geboren und im Kloster Wimborne erzogen. Dieses Kloster wird von der Äbtissin Tetta, einer Schwester des Königs von Wessex, geleitet. Unter ihrer strengen Obhut erlernen die Klosterschülerinnen den gesamten seit der Antike vorhandenen Wissensstoff. Dazu kommen Glaubensunterweisung, Handarbeiten und eine künstlerische Ausbildung.

Lioba gibt der intellektuellen Ausbildung den Vorzug. Sie ist eine so begabte Schülerin, daß Tetta sie in jungen Jahren zur Lehrerin der Klosterschule macht. Aus dieser Zeit ist uns auch ein Traum Liobas überliefert. Wir sehen ihn oben rechts auf dem Wandteppich (siehe Handzettel). Aus ihrem Mund kommt ein purpurner Faden, den sie zu einem Knäuel wikkelt. Eine prophetisch begabte, alte Klosterschwester deutet ihn so: Lioba wird in einem fremden Land vielen Menschen nützlich sein durch ihre Verkündigung und ihre guten Taten. Und damit ist das Wesentliche von Liobas Wirken schon ausgesagt. Ihre Aufgabe soll es künftig sein, mitzuhelfen, in den von Bonifatius missionierten Gebieten den christlichen Glauben zu erhalten und zu vertiefen.

Lioba folgt dem Ruf des großen Missionars, den sie verehrt. Bonifatius übergibt ihr die Leitung des Klosters Bischofsheim an der Tauber, und die Äbtissin Lioba setzt ihr Leben ein, um im Sinne des heiligen Benedikt dem Kloster vorzustehen.

Den Traditionen ihrer Heimat gemäß richtet Lioba dort auch eine Klosterschule für Mädchen ein. Man muß sich ausdrücklich klarmachen, welche Revolution dies in einem Land bedeutet, in dem es bislang keinen schriftlich, geschweige denn lateinisch überlieferten Wissensstoff gab, der die Menschen mit früheren Kulturen verband und sie auch in die Anfänge des Christentums zurückführte. So erhalten sie die Möglichkeit, ihre geistigen Fähigkeiten zu entfalten und mit Hilfe überlieferter Kulturen ihre eigene Kultur zu entwickeln.

Der Zulauf ist so groß, daß Lioba neue Frauenklöster mit Schulen errichtet. Der Ruf ihrer außergewöhnlichen Persönlichkeit dringt weit in das Land: Eltern bringen ihre Töchter, um sie in den Klöstern erziehen und unterrichten zu lassen. Witwen wählen mit dem Eintritt ins Kloster eine neue, bisher unbekannte Lebensform, die ihnen Möglichkeiten geistiger und religiöser Entfaltung bietet – eine Chance, die von Frauen offenbar als solche erkannt und genutzt wird.
Aus der Zeit, in der Lioba als Äbtissin in Tauberbischofsheim lebt, wird uns berichtet, daß sie in Wort und Wandel für andere eine Gestalt des Heils ist. Ihr leuchtendes Beispiel reißt selbst die Müdesten mit. Selbst sehr anspruchslos, sucht sie die Bedürfnisse anderer nach Kräften zu stillen. Den Armen und Notleidenden wird sie eine gütige und verstehende Mutter, den Wissensdurstigen eine überragende Lehrmeisterin. Durch ihren hohen Verstand und ihre Klugheit genießt sie höchstes Ansehen am fränkischen Königshof. Die Könige Pippin, Karlmann und Karl der Große lieben und verehren sie und suchen ihre Nähe. Die Königin Hildegard, Karls Gemahlin, hätte Lioba am liebsten immer um sich gehabt. Bischöfe und Fürsten suchen das Gespräch mit ihr und ihren Rat. (Wir sehen dies auf dem Wandteppich in der dritten Reihe links.)
Entscheidend in ihrem Leben aber ist die Liebe: die Liebe zu ihrem Herrn und Heiland – und die Liebe zum Nächsten. Die freundschaftliche Verbindung zum großen „Apostel Deutschlands“ bleibt bis zum Ende: Als Bonifatius nach Friesland zieht, von Todesahnungen erfüllt, bittet er seine Mönche: Bestattet Lioba nach meinem Tod in Fulda! Bewegt nimmt er in Mainz von ihr Abschied und übergibt ihr sein Mönchsgewand als Andenken. Und als Bonifatius erschlagen und später in Fulda bestattet wird, ist Lioba die einzige Frau in Deutschland, der der Besuch des Grabes des großen Apostels der Deutschen gestattet ist. (Auch diese Begebenheit aus ihrem Leben sehen wir in der dritten Reihe des Wandteppichs.)
25 Jahre lang arbeitet sie im Sinne des großen Heiligen weiter, bis Gott sie am 28. September 782 heimholt.
Der heilige Bonifatius nennt in seinen Briefen noch eine Reihe angelsächsischer Frauen, die mit Lioba zusammen in Deutschland missioniert haben. Die meisten sind vergessen, zwei jedoch haben größere Bedeutung erlangt: Thekla und Walburga.
Die Äbtissin Thekla lebt im Gedächtnis fort als ein Mensch, der sich neben seiner Lehrtätigkeit vor allem der Krankenbetreuung widmet.
Zu größerer Bedeutung ist Walburga gelangt. Auch sie ist mit Bonifatius verwandt. Sie kommt mit ihren beiden Brüdern nach Deutschland, lebt zuerst in Tauberbischofsheim und wechselt dann in das von ihrem Bruder gegründete Doppelkloster (ein Männer- und ein Frauenkloster unter der

Leitung eines Abtes oder einer Äbtissin). Nach dem Tod ihres Bruders übernimmt sie die Leitung des Doppelklosters Heidenheim. Dieses wird unter ihrer Führung zu einer Stätte hoher Bildung und ein Ort für Arme und Notleidende.
Heute ist sie in Eichstätt beerdigt. Das Walburgisöl, eine Flüssigkeit, die sich von ihrem Reliquienschrein absondert, wird zu Heilzwecken in alle Welt versandt. Ihr Grab ist ein vielbesuchter Wallfahrtsort.
Am Ende dieser Lebensbeschreibungen müssen wir uns fragen: Lioba und ihre Gefährtinnen sind rund 1200 Jahre tot – haben wir überhaupt noch etwas mit ihnen zu tun?
Diese so fernen Frauen sind uns sehr nahe Frauen. Ihr christliches Selbstverständnis führt sie dazu, anderen die Frohe Botschaft zu vermitteln in einem Land, das erst oberflächlich christianisiert ist. Sie tun dies auf eine Weise, die allein einen dauerhaften Erfolg verspricht: Sie vermitteln den Frauen und Mädchen eine gediegene weltliche und geistliche Bildung. Sie führen sie zu einer inneren Aneignung des christlichen Glaubens.
Ein zweites, nicht minder wichtiges Moment kommt hinzu: Zur Glaubensunterweisung tritt das Vorbild gelebter dienender Nächstenliebe, die die Mitte von Liobas und ihrer Gefährtinnen Leben und Wirken war. In der Übereinstimmung von Lehre und Leben liegt letztlich die Überzeugungskraft dieser Frauen und ihre geschichtliche Wirksamkeit.
Ist es nicht auch unsere Hauptaufgabe heute, den Glauben an die in Christus erschienene Liebe Gottes so überzeugend zu leben, daß wir andere dafür gewinnen können?
Wenn wir des heiligen Bonifatius gedenken, dann dürfen wir diese Frauen, die ihr Heimatland verließen und in einem fremden Land den christlichen Glauben verkündeten, Werke der Nächstenliebe verrichteten und zugleich Grundlagen der abendländischen Kultur schufen, nicht vergessen. Wir haben ihnen und Bonifatius viel zu verdanken.

Meditationsmusik

Fürbitten

Jesus, du bist der Heiland der Welt. Deine Botschaft gilt für alle Menschen:

- Wir sind kleinlich und denken national. Befreie uns aus unserer Kirchturmspolitik. Mache uns zu Boten deines Heils.
  Wir bitten dich, erhöre uns.
- Unter uns leben Menschen, die einer anderen Religion angehören. Mache uns fähig, mit ihnen den Dialog zu führen. Laß uns nicht verur-

teilen, was wir nicht kennen, und nicht geringschätzen, was uns fremd ist. Aber bewahre uns auch davor, daß wir uns deines Evangeliums schämen.
Wir bitten dich, erhöre uns.

- Deine Missionare in aller Welt suchen nicht ihren Vorteil. Sie fühlen sich von deinem Geist geführt, der schon die Apostel drängte, in alle Welt hinauszugehen. Laß nicht zu, daß wir die Missionare allein lassen.
  Wir bitten dich, erhöre uns.
- Du hast dich um den ganzen Menschen gekümmert. Indem du ihm Heilung brachtest, hast du ihm den Vater geoffenbart. Laß keinen Streit entstehen zwischen der Entwicklungshilfe und der Verkündigung.
  Wir bitten dich, erhöre uns.

Du hast uns in deinen Dienst genommen. Dich wollen wir mit allen Völkern der Erde preisen.

Lied zur Gabenbereitung: GL 608, 1.4: Ihr Freunde Gottes allzugleich

Gabengebet: Meßbuch II, Seite 948

Präfation: Meßbuch II, Seite 432

Sanctus: GL 269, 4: Er, der da kommt in Gottes Namen
oder: GL 445: Heilig, heilig, heilig Gott

Kommunionvers: Joh 15, 12

Meditation

Lioba und ihre Gefährtinnen sind ihren manchmal nicht sehr leichten Lebensweg gegangen. Sie machen uns Mut, daß auch wir den unseren trotz mancher Rückschläge hoffnungsvoll gehen.

Wie oft hast du dein Lebensnetz
hoffnungsvoll ausgeworfen
eine helfende Hand
ein liebendes Wort
eine zärtliche Geste
ein geduldiges Ohr
zu erhalten

Wie oft hast du dein Lebensnetz
leer wieder eingeholt –

nicht müde werden
sondern das Netz ausbessern
und wieder auswerfen
es liegt an den nicht
heilenden Verwundungen
daß manches
das dir geschenkt wird
dir entgeht
bevor du es erkennen kannst.

Margot Bickel

Schlußgebet: Meßbuch II, Seite 948

Schlußlied: GL 263, 1–3: Dein Lob, Herr, ruft der Himmel aus

Literatur

Schmale, Irene: Lioba und ihre Gefährtinnen, um 710–780, in: Große Frauengestalten der abendländischen Geschichte, hrsg. von Schmale, Irene, Düsseldorf 1987, S. 33–44.

Jeanne d'Arc – eine außergewöhnliche Heilige

Vorbemerkung

Zu diesem Gottesdienst verwendeten wir die französischen Meßtexte zum Festtag der hl. Jeanne d'Arc. Diese übersetzten wir ins Deutsche. Leider gibt es weder in der deutschen noch in der lateinischen Ausgabe der Meßbücher für die Bistümer des deutschen Sprachgebietes Texte zum Fest dieser Heiligen, die in kein Schema zu passen scheint.
Zur Gabenbereitung bringen wir Gegenstände, die an Johannas Leiden erinnern: Steine, einen Dornenzweig (vom Rosenstock oder einem anderen Strauch geschnitten) und die Prozeßakten. (Es kann auch ein anderes dickes, gebundenes Buch genommen werden.)
Die Fürbitten entfallen. Statt dessen wird ein Bittgebet zum eucharistischen Christus nach der Kommunion gebetet.

Eingangslied: GL 262, 1–2: Nun singt ein neues Lied dem Herren

Begrüßung / Eröffnung

Die Lebensgeschichte der heiligen Jeanne d'Arc

1. Sprecherin: Auf der Suche nach unserem wahren Menschenbild in der Nachfolge Jesu wollen wir uns auch immer wieder in Frauengestalten wiederfinden: Frauen aus dem Alten Testament und Frauen um Jesus.
Heute begegnen wir einer Frauengestalt, die in der Kirchengeschichte, und zwar im ausgehenden Mittelalter, eine Rolle spielte. Als Schutzpatronin unseres Nachbarlandes Frankreich wird sie in der gesamten Kirche als Heilige verehrt und um ihre Fürbitte angerufen.
Es ist die Jungfrau von Orléans, Jeanne d'Arc. Unser jetziger Papst weist in einem Rundschreiben über die „Würde und Berufung der Frau" auf eine Reihe vorbildlicher Frauen hin, über die er folgendes sagt: „In jedem Zeitalter und in jedem Land finden wir zahlreiche tüchtige Frauen, die trotz Verfolgungen, Schwierigkeiten und Diskriminierungen an der Sendung der Kirche teilgenommen haben." Und dazu zählt er auch die Jungfrau Jeanne d'Arc, deren Fest unsere Kirche am 30. Mai feiert.
Gerade auf diese heilige Johanna, wie wir sie auf deutsch nennen, trifft die Beurteilung des Papstes über diese Frauen zu: „Selbst unter schwe-

ren gesellschaftlichen Diskriminierungen", das heißt: Herabsetzung ihres Rufes in der Öffentlichkeit, „haben diese heiligen Frauen, durch ihre Verbundenheit mit Christus gestärkt, frei gehandelt."
Wir wollen heute zu ihr aufschauen, die in restloser Hingabe ihres Lebens dem Ruf Gottes im Gewissen folgte.

2. Sprecherin: Woran denken wir beim Namen „Jungfrau von Orléans"? Vielleicht, daß Friedrich von Schiller ein Schauspiel über sie geschrieben hat? Oder sehen wir sie in Soldatenkleidung, hoch zu Roß, mitten in einem Kriegsheer? Wissen wir von ihrer Verbrennung als Hexe? Wir möchten doch mehr wissen von dieser außergewöhnlichen Heiligen.

1. Sprecherin: Sie ist eine geschichtliche Persönlichkeit, darum brauchen wir zu ihrem Verständnis auch einen kurzen Einblick in das politische Geschehen ihrer Zeit.

2. Sprecherin: Wahrscheinlich 1412 wird sie in einem Bergdorf der Vogesen in Lothringen geboren. Als Bauerntochter muß sie von früher Kindheit an mitarbeiten, besucht keine Schule, kann nicht lesen und nur ihren Namenszug schreiben. In ihrem Dorf achtet man sie als ein natürliches, frommes und fröhliches Mädchen.

1. Sprecherin: Ihr Vaterland Frankreich erlebt im 15. Jahrhundert seine tiefste Erniedrigung, weil ein hundertjähriger Krieg mit England das ganze Königreich zu vernichten droht, so daß in absehbarer Zeit Frankreich ein Vasallenstaat Englands würde. Von dort dringen einflußreiche Irrlehren in das christliche Frankreich und Europa. Der junge König Karl VII. ist zu schwach, er ist noch nicht einmal gekrönt worden – England verhindert dies immer wieder. Im weltlichen König sehen die Menschen des Mittelalters einen von Gott gesandten Herrscher. Ihm zu helfen ist also auch eine religiöse Tat.

2. Sprecherin: Als das Land immer trostloser wird – England hat große Teile Frankreichs bereits in Besitz, die Menschen hungern und Seuchen wüten –, da erglüht in dem Mädchen Johanna eine große Liebe, der Heimat und dem jungen König zu helfen.
Eines Tages geschieht etwas Außergewöhnliches im Leben der 13jährigen. Als sie sich im Garten ihres elterlichen Hofes aufhält, vernimmt sie plötzlich zu ihrer Rechten eine helle Stimme, und ein Lichtglanz, stärker als der Sonnenstrahl, fällt auf sie. Eine himmlische Gestalt, der Erzengel Michael, spricht zu ihr und verkündet, daß die beiden heiligen Frauen

Katharina und Margaretha aus der Gruppe der 14 Nothelfer sie besuchen werden. Jetzt hat Johanna ein unbeschreibliches Glücksempfinden. Die heiligen Frauen erscheinen ihr wirklich und reden von dem Auftrag, den Gott ihr auferlegen wird.
Diese „Stimmen", wie das Mädchen seine Visionen nennt, hört sie nun regelmäßig, und sie machen Johanna mit ihrer kommenden Aufgabe immer mehr vertraut. Bescheiden und ängstlich sagt Johanna öfter: „Ich bin ja nur ein armes Mädchen und verstehe nichts vom Reiten und Kämpfen."
Streng bewahrt sie das Geheimnis ihrer Berufung, ganz allein sucht das heranwachsende Mädchen damit fertig zu werden.
Als Johanna 17 Jahre alt ist, haben die Engländer auch die Stadt und Festung Orléans eingenommen. Die „Stimmen" in ihr werden immer drängender, und sie faßt den freien Entschluß, ihr Werk zu beginnen.

1. Sprecherin: Johanna sieht ihre Sendung einzig darin, ihrem Vaterland das Königtum zu erhalten, weil Volk und Land nach Gottes Ordnung, wie sie das Mittelalter praktiziert, dem König zum Lehen gegeben sind, der zugleich Schirmherr des christlichen Glaubens ist.
Nur die wichtigsten Aussagen über die Fülle der Ereignisse, die sich in den kommenden zwei Jahren ihres heldenhaften Lebens abspielen, können wir jetzt vortragen. Wir werden spüren: Gottes Kraft ist die Stärke der Schwachen, die seinen Willen in Gehorsam erfüllen.

2. Sprecherin: Das Elternhaus verläßt Johanna heimlich, um ihren Auftrag nicht zu gefährden. Zum König kommt sie nur durch schwierigste Hindernisse hindurch. Endlich hat sie eine kleine Soldatengruppe, mit der sie gegen Orléans ziehen kann. Auf einem weißen Pferd sitzend, in voller Rüstung, eine Fahne mit der Aufschrift „Jesus Maria" in der Faust, so begeistert sie ihre Truppe, auf deren moralische Haltung sie großen Einfluß ausübt.
Die Bewohner der Stadt Orléans bejubeln sie. Was bisher der Heeresleitung nie gelang, unter der Begleitung dieser Jungfrau können die Franzosen die Festung über Nacht von den Engländern befreien. Und nach einer Woche Kampf ist auch das Umfeld der Stadt frei. Die Engländer ziehen sich zurück. Johanna selbst tötet nicht, sie trägt die Fahne mutig mitten im Kampf. Das Leid der Sterbenden, auch der englischen Soldaten, trifft sie tief. Wo es möglich ist, hilft sie allen Verwundeten.

1. Sprecherin: Gleichsam im Blitzkrieg wird im nördlichen Teil Frankreichs den Engländern eine Festung nach der anderen abgenommen. Johanna vollbringt in wenigen Monaten die ruhmreichsten Siege des langen Krieges zwischen England und ihrem Vaterland. Immer wieder hört sie auf die „Stimme ihres Gewissens".

2. Sprecherin: Es gelingt ihr jetzt sogar, den König als Karl VII. zur Krönung nach Reims zu geleiten. Das ist für sie der Höhepunkt ihrer öffentlichen Laufbahn. „Ich bin zum Trost der Armen und der Darbenden gesandt", so sieht Johanna ihre Erfolge.

1. Sprecherin: Spätere Geschichtsschreiber sagen von ihr: „Im zertretenen Frankreich bewirkt sie im Auftrag Gottes eine Wiedergeburt." Und eine Dichterin aus Johannas Zeit schreibt: „Im Jahre 1429 begann die Sonne wieder zu scheinen, aus Trauer wurde Freude, aus Winter Frühling, und alles durch ein Mädchen, das Ester, Judit und Deborah noch in den Schatten stellte."

2. Sprecherin: Doch jäh sinkt der Stern Johannas; ihre Lebenskurve senkt sich nach unten. Sie weiß es von ihren „Stimmen".
Die siegreiche Heldin gerät in Gefangenschaft und damit in die Hände der Engländer und derjenigen Franzosen, die den Feind unterstützen. Das Böse gewinnt die Oberhand, der Haß, der Verrat. Grausame Quälereien, Einsamkeit, Nichtzulassung einer Tröstung durch die Kirche für Johanna, die Jesus liebt, die sich mit Leib und Seele Gott und seinem Auftrag hingegeben hat.
Finsterste Nacht ist jetzt ihr Leben. Das Schrecklichste geschieht: Man erklärt sie zur Hexe, mit teuflischen Mächten im Bund. Dadurch wollen die Engländer ihr politisches Ziel erreichen und das französische Königtum lächerlich machen. Ein langer, schwieriger Prozeß wird Johanna gemacht, und zwar vom Inquisitionsgericht der englischen Kirche.
So heldenhaft wie Johanna das Heer zum Sieg führte, so heroisch stark verteidigt sie jetzt ihren himmlischen Auftrag, ihre „Stimmen", denen sie folgen mußte, um das Vaterland und Königtum zu retten.
„Ich komme von seiten Gottes und habe hier nichts zu schaffen." – „Ihr wollt mein Richter sein, Herr Bischof? Nehmt euch in acht, ihr begebt euch in große Gefahr!" – „Ich unterwerfe mich in dem, was ich getan habe, einzig der Kirche des Himmels, d.h. Gott, der Jungfrau Maria und den Heiligen des Paradieses."

1. Sprecherin: Solche markanten Sätze spricht das einfache Mädchen, die an ihrer Aufgabe innerlich gereifte Jungfrau, gegenüber dem hohen Gericht, dessen Intrige und Ungerechtigkeit wegen politischer Machtkämpfe sie durchschaut. Hier sehen wir deutlich den Konflikt, in den Menschen immer wieder geraten können: Hier Autorität – dort die Freiheit des an Gott gebundenen Gewissens.

2. Sprecherin: Wegen der unmenschlichen Haftbedingungen, der ständigen Erpressungen bei den Verhören erlebt Johanna einen Nervenzusammenbruch, als man ihr den Scheiterhaufen zeigt, um sie zum Abschwören zu bewegen. Und noch dies geschieht: Man liest ihr in aller Eile ein bereitgehaltenes Blatt mit einem Widerruf vor, unter den sie während dieses Schwächeanfalls ihren Namen setzt, ohne zu wissen, was er enthält. Diese Unterschrift bedeutet nach dem Urteil des Gerichts zwar nicht den Tod, doch „ewige Kerkerhaft beim Brot der Schmerzen und beim Wasser der Trauer". Man führt Johanna in den Kerker zurück, wo sie zum ersten Mal wieder Frauenkleider anlegen muß.
Es folgen drei Tage schlimmster äußerer und innerer Qual. Endlich kann sie wieder ihre „Stimmen" hören; das schenkt ihr neue Kraft. Sie fordert ihre Soldatenkleider und erklärt ihre Unterschrift als Verrat an ihrer Aufgabe. Jetzt ist das Urteil des Gerichts wegen der Rückfälligkeit sicher: Tod durch Verbrennen. Man sieht endgültig in ihr eine Hexe.

1. Sprecherin: Die noch vorliegenden Prozeßakten bezeugen das bisher Gesagte und auch die Schilderung des Martertodes, den eine große Menschenmenge auf dem Marktplatz der Stadt Rouen erlebt.

2. Sprecherin: Auf dem Scheiterhaufen kniend, betet sie unter Tränen; man hört sie dabei ihren Feinden verzeihen. Von einem englischen Soldaten verlangt sie ein Kreuz, das dieser aus zwei einfachen Holzstäben zusammenbindet; sie küßt es und verbirgt es bei sich. Beim Aufsteigen der Flammen ruft sie den Namen „Jesus" zweimal über die Richtstätte.

1. Sprecherin: Der Henker wird noch am selben Tag von tiefer Reue gepackt, und der Sekretär des englischen Königs sagt: „Wir sind alle verloren, wir haben eine Heilige verbrannt!"
Wie Johanna es verkündet hat, geschieht es auch: Die Engländer werden endgültig aus Frankreich vertrieben. Karl VII., der Johanna in ihrer Gefangenschaft schmählich im Stich gelassen hat, bemüht sich jetzt, ihre Ehre wiederherzustellen.
Vor allem aber kommt das französische Volk über den Tod der Johanna innerlich nicht zur Ruhe. Zwanzig Jahre nach der grausamen Hinrichtung kommt ein Revisionsprozeß zustande, wozu auch Johannas Mutter entscheidend beigetragen hat. Die Schande, eine Hexe zu sein, wird von Jo-

hanna genommen; die bösartigen Machenschaften der Richter kommen ans Licht. Das französische Volk sieht sich jetzt um so mehr bestätigt, seine Jeanne d'Arc als seinen „Engel" zu verehren, wie es sie gerne nennt. Es dauert noch Jahrhunderte, bis Johanna am 16. Mai 1920 von der Kirche heiliggesprochen wird.

Die liturgischen Texte aus dem französischen Meßbuch haben wir uns für unseren Gottesdienst eigens schicken lassen. Es sei ein Zeichen für unsere Solidarität mit den Frauen unseres Nachbarlandes. Die heilige Johanna, eine Märtyrerin der Gewissensfreiheit, möge uns helfen, über unsere eigene innere Situation jetzt kurz nachzudenken.

Besinnung

- Nehmen wir uns täglich wenigstens eine kurze Zeit zur inneren Besinnung, um auf das zu hören, was Gott zu uns spricht und was sein Wille von uns erwartet?
  (Stille)
- Haben wir die innere Bereitschaft, neben unseren persönlichen Sorgen auch das Leid unserer nächsten Mitmenschen zu sehen und helfend zu dienen?
  (Stille)
- Sind wir selbstlos genug, auch Unangenehmes und außergewöhnlich Gefordertes zu geben und zu leisten?
  (Stille)

Kyrie: GL 454: Herr, erbarme dich unser

Gebet

Gott, du hast die heilige Jeanne d'Arc auserwählt, ihr Land zu verteidigen. Hilf uns auf ihre Fürsprache, für Gerechtigkeit zu arbeiten und in Frieden zu leben. Durch Jesus Christus, unseren Herrn.

Einführung zur Lesung

Unsere Lesung trifft genau die Situation der heiligen Jeanne d'Arc. Wir hören von Gottes Weisheit, die den Gläubigen begleitet.

Lesung: Weish 8, 9–14

Zwischengesang: GL 530, 6: Halleluja Ps 16, 7–8

Evangelium: Mt 16, 24–27

Lied nach dem Evangelium

Im folgenden Lied wollen wir Gott preisen, der sich in der Jungfrau Johanna als rettender und getreuer Gott erwiesen hat.
GL 613, 1–3: Gott sei durch euch gepriesen
(Melodie: GL 468: O Gott, nimm an die Gaben)

Gabenprozession

Mit den Gaben von Brot und Wein bringen wir heute die Zeichen für den Unfrieden und die Ungerechtigkeit im Leben unserer heutigen Menschheitsgeschichte:

Steine: Die Steine erinnern uns an die Gefängnismauern, in denen Johanna eingekerkert war. Sie bedeuten Isolation, Angst und Einsamkeit.
Wir denken an alle Menschen, die ihrer Freiheit beraubt sind – besonders an die Entführten und diejenigen, die als Geiseln festgehalten werden.

Dornen: Dornen stechen und verletzen. Johanna wurde gequält und mißbraucht.
Wir denken an alle Menschen – besonders an die Frauen und Kinder, die mißhandelt, geschlagen und gefoltert, entwürdigt, entehrt und mißbraucht werden.

Prozeßakten: Wir bringen die Prozeßakten der Johanna von Orléans. Wir sehen erschüttert, daß die Protokolle der Verhöre ein Buch von mehreren hundert Seiten füllen.
Wir denken an alle Menschen, die stundenlang verhört und auch gefoltert werden, um von ihnen falsche Geständnisse zu erzwingen.

Herr, alle diese Leiden von Menschen bringen wir vor dich. Du weißt um ihre Not – stehe ihnen bei und verwandle ihr Leid in dein Heil.

Gabengebet

Nimm an, o Herr, die Gaben, die wir zu Ehren der heiligen Johanna darbringen. Mache sie für uns in diesem Leben zum Sakrament der Erlösung und gewähre uns, dich immer mehr zu lieben, damit wir zu deinem Lob und Ruhm leben. Durch Christus, unseren Herrn.

Präfation: Meßbuch II, Seite 432

Sanctus: GL 459: Heilig, heilig, heilig Gott

Kommunionvers: Mt 16, 27

Lied zur Kommunion:
GL 540, 1. 3–4: Sei gelobt, Herr Jesus Christ

Bittgebet

Jesus ist uns zur Speise geworden, sein Geist durchdringt uns. In Erinnerung an die heilige Johanna tragen wir ihm unsere Bitten vor:

- Von Gott zu einer Sendung auserwählt zu werden schließt immer auch schwerstes Schicksal in sich. Wir bitten für alle Menschen, die in der Welt im Kampf für das Gute ihr Leben wagen.
  Wir bitten dich, erhöre uns.
- Die heilige Johanna verlor nie den Mut zur völligen Hingabe an ihre Berufung. Wir bitten dich um neue Berufungen aus unseren Familien zum Dienst in der Kirche.
  Wir bitten dich, erhöre uns.
- Während der Gefangenschaft in Rouen wurde Johanna auch in einen Eisenkäfig geworfen und an Hals, Füßen und Händen an einen schweren Block gekettet. Ist es nicht erschreckend, wie sich die Bilder des Bösen durch die Jahrhunderte der Menschheitsgeschichte gleichen? Wir bitten für alle, die unter Ungerechtigkeit und Lieblosigkeit zu leiden haben, besonders auch für Frauen und Kinder.
  Wir bitten dich, erhöre uns.

Mit einem Gebet Edith Steins wollen wir die Gedanken, die uns heute bewegt haben, zusammenfassen:

Herr, stürmisch sind die Wellen,
und dunkel ist die Nacht.
Willst du sie nicht erhellen
für mich, die einsam wacht?

Halt fest die Hand am Steuer
und sei getrost und still.
Dein Schifflein ist mir teuer,
zum Ziel ich's lenken will.

Hab nur mit festen Sinnen
stets auf den Kompaß acht.
Der hilft das Ziel gewinnen
durch Stürme und durch Nacht.

Die Nadel zittert leise
und steht dann wieder still,
daß Richtung sie dir weise,
wohin die Fahrt ich will.

So sei getrost und stille,
es führt durch Sturm und Nacht
getreu dich Gottes Wille,
wenn das Gewissen wacht.

Edith Stein

Schlußgebet

Herr und Gott, du hast uns gestärkt durch das Brot des Himmels, in dem die heilige Johanna so oft Licht und Hilfe fand. Durch den Empfang dieser heiligen Speise mache uns bereit, unseren Brüdern und Schwestern zu dienen. Durch Jesus Christus, unseren Herrn.

Schlußlied: GL 595, 1–2: Maria, breit den Mantel aus

Literatur

Nigg, Walter: Der Engel Frankreichs: Jeanne d'Arc, in: Vier große Heilige, hrsg. von Nigg, Walter, München 1964, S. 63–102.

Maria Ward – eine Frau bleibt ihrer Berufung treu

Vorbemerkung

Im Jahr 1985 feierten die „Englischen Fräulein“ den 400. Geburtstag ihrer Ordensgründerin Maria Ward. Dies war uns Anlaß, ihrer in einem Gottesdienst zu gedenken. Auch nach dem Geburtstagsjahr sollten wir uns an diese große Frau erinnern.

Eingangslied: GL 671, 1.3: Lobet den Herren

Begrüßung / Eröffnung

1. Sprecherin: Am ersten Tag im November feiern wir das Fest Allerheiligen. Gefeiert werden an diesem Tag alle Heiligen. Besonders auch die, die nicht offiziell zum Kreis der Heiligen gehören, jedoch durch ihr heiligmäßiges Leben Vorbild geworden sind. Dies soll uns Anlaß sein, heute einer Frau zu gedenken, die noch nicht heiliggesprochen ist, aber heiligmäßig gelebt hat.
Es ist Maria Ward, die Gründerin der „Englischen Fräulein“, die im Jahr 1985 den 400. Geburtstag ihrer Ordensgründerin gefeiert haben. Gedenkjahre von Frauen in der Kirche haben uns in der letzten Zeit immer wieder gezeigt, daß es in allen Jahrhunderten Frauen gab, die sich als gleichberechtigt und mündig verstanden, die sich nicht nur für ihre Schwestern engagierten, sondern sich den Erfordernissen ihrer Zeit in Gesellschaft und Kirche stellten.
Daß die meisten dieser Frauen oft in und auch von der Kirche verfolgt, in späteren Jahrhunderten aber anerkannt, manche sogar zur Ehre der Altäre erhoben wurden, zeigt, daß sich Aussagen, Ansichten und Meinungen, auch von Bischöfen und Päpsten, ändern und ins Gegenteil wandeln können.
Die Bedeutung Maria Wards für die Gegenwart wird dadurch unterstrichen, daß ihr Leben den Stoff für einen Film geboten hat. Der Titel „Maria Ward – eine Frau zwischen Galgen und Glorie“ ist kennzeichnend für ihr Leben.

Kyrie: GL 454: Herr, erbarme dich unser

Gebet

Himmlischer Vater, das Leben heiliger und heiligmäßiger Frauen, wie das von Maria Ward, macht uns Mut, unserer Berufung in Familie, Beruf und Kirche treu zu bleiben. Schenke uns auf ihre Fürsprache die Kraft, unser tägliches Kreuz zu tragen und dich über alles zu lieben. Darum bitten wir durch Jesus Christus, unseren Herrn.

Einführung zur Lesung

Im Perserreich will der König alle Juden umbringen lassen. Die Jüdin Ester, die zur Königin erhoben worden ist, soll ihr Volk retten. Sie sieht ihre besondere Berufung. Unter Lebensgefahr geht sie zum König, um für ihr Volk zu bitten. Wer ungebeten zum König geht, kann erhört oder zum Tode verurteilt werden. Ester befindet sich „zwischen Galgen und Glorie". In ihrer inneren Not betet sie zu Gott. Teile aus diesem Gebet hören wir jetzt.

Lesung: Est 4, 17. k.l.r.t.z

Zwischengesang: GL 291, 1: Wer unterm Schutz des Höchsten steht

Einführung zum Evangelium

Maria Ward hat sich ganz ihrem Werk verschrieben. Dies ist ihr besonderer Dienst, den sie Gott erweisen will. Dieser Dienst ist ihr Schatz, ihre Perle, für den sie das letzte gibt, gegen alle Widerstände.

Evangelium: Mt 13, 44–46

Betrachtung

2. Sprecherin: Wir wollen einen kurzen Lebenslauf von Maria Ward hören. Ihr Leben ist von Unruhe und vielen schwierigen Situationen geprägt, so daß wir jetzt nur die wesentlichsten Situationen ihres Lebenslaufs vortragen können.
Geboren wird sie im Jahrhundert der Kirchenspaltung und damit der Katholikenverfolgung in England, am 23. Januar 1585, in der Grafschaft Yorkshire, als Johanna Ward. Sie ist das älteste von sechs Kindern einer Familie aus altem englischen Landadel, der am angestammten katholi-

schen Glauben festhält, nachdem sich die anglikanische Kirche von Rom getrennt hat. Gestorben ist sie fast genau 60 Jahre später, am 30. Januar 1645, als Mary Ward. Den Namen Maria hat sie selbst gewählt.

Ihre Neigung für das Ordensleben zeichnet sich schon früh ab. Mehrere Heiratsanträge lehnt Maria Ward ab. Sie steigt aus dem gesellschaftlichen Leben aus und segelt von England zum Festland. Ihr Ziel ist das Klarissenkloster im flandrischen St. Omer. Dort ist sie als Laien-Bettelschwester für den Unterhalt ihrer Mitschwestern verantwortlich. Die junge Frau erkennt aber schnell, daß dies für sie nicht der von Gott gewollte Weg sein kann; sie ist selbständig und mutig genug, auszutreten.

1609 segelt sie illegal nach England zurück, lebt im Londoner Untergrund, sucht nach einem neuen „dritten“, ihrem eigenen Weg – und findet dabei, wohl dank ihrer starken Ausstrahlung und überzeugenden Beredsamkeit, das, was ihr Leben bei allem Schweren licht und hell – und für uns Heutige beispielhaft gemacht hat, nämlich Gefährtinnen, durch die sie unverbrüchliche Schwesterlichkeit erfahren hat, bis zum Tod und über den Tod hinaus. Das sind die beiden Grundpfeiler ihres Lebensgeheimnisses: eine Gottunmittelbarkeit, die sie gegen alle Widerstände, Verleumdungen, das Zerschlagen ihres Werkes an dem einmal unter Gottes Einfluß als richtig Erkannten festhalten läßt, und diese unverbrüchliche Schwesterlichkeit, die es ihr menschlich ermöglicht, das alles zu ertragen, durchzustehen, die Hoffnung nicht aufzugeben, daß die Kirche, der sie sich ohne Bedingung verbunden weiß, einmal ihr Werk erkennen und anerkennen wird, auch wenn sie es persönlich nicht mehr erlebt.

Worin besteht dieses Werk? Angeregt durch Ignatius von Loyola, dem Gründer des Jesuitenordens, will Maria Ward eine Gemeinschaft von ähnlich gesinnten Frauen ins Leben rufen. Ihre Gemeinschaft soll, ähnlich wie die Jesuiten, ohne einengende Klausur, Chorgebet, Habit und ohne männliche Bevormundung nur dem Papst unterstellt wirken. Die Gemeinschaft soll sich besonders der Erziehung und Bildung von Mädchen aller Stände widmen. Sie sollen zu Frauen heranreifen, die in oder außerhalb der Ehe „ihre Frau stehen“. Als Fernziel steht dahinter die Rekatholisierung Englands und im letzten die „größere Ehre Gottes“.

Mit den ersten Gefährtinnen segelt Maria Ward nach St. Omer zurück und gründet dort ein Haus in ihrem Sinn. 1611, während einer schweren Krankheit, erfährt sie in einem mystischen Erlebnis, daß sie die Regel der Gesellschaft Jesu zur Grundlage ihrer Gemeinschaft machen soll. Daran hat sie für sich und ihre Gemeinschaft festgehalten. Daher wird ihr Leben von jetzt ab besonders dornenreich, für sie und die, die ihr folgen.

Zunächst hat ihre Gemeinschaft Erfolg. Es folgen viele Hausgründungen in Europa. Jedoch die päpstliche Bestätigung bleibt aus. Beschwerliche

Reisen nach Rom, Audienzen bei zwei Päpsten, zahllose Bittgesuche, mehr und mehr durchkreuzt von Verdächtigungen, Anschuldigungen, Verleumdungen, erbringen Anfang 1631 den Spruch der Inquisition, vom Papst unterzeichnet: „Nehmen Sie Maria Ward als Häretikerin, Schismatikerin, Rebellin gegen den Heiligen Stuhl gefangen."
Das geschieht im Februar 1631 in München. Maria Ward wird in Klosterhaft genommen. Ihre Häuser werden aufgelöst. Den Geruch der Verfemung werden sie und die Ihren nicht mehr los. Später darf sie mit ihren Gefährtinnen noch in Rom wohnen. Dort wird sie mit Almosen unterstützt. Auch können einige Häuser inoffiziell erhalten werden.
Als Maria Ward stirbt, kann sie nicht ahnen, daß ihr Lebenswerk weitergetragen wird. Dies ist vor allem ihren Gefährtinnen und Nachfolgerinnen zu verdanken. Mit Klugheit, Umsicht und vielen Kompromissen haben sie ihr Werk weitergeführt und in unsere Zeit gerettet. Aber erst im Jahr 1978 wird den Englischen Fräulein die Regel der Jesuiten zugestanden.
Der Galgen bleibt Maria Ward gerade noch erspart, und die Glorie kommt in Form kirchlicher Anerkennung etappenweise, über die Jahrhunderte verteilt. Besonders im Gedenkjahr 1985 wurde ihr Lebenswerk von der Kirche gewürdigt.
Die Beschäftigung mit Maria Ward kann Frauen heute ermutigen, unsere eigene Zeit und die in ihr sich stellenden, ganz andersartigen Aufgaben hellsichtig zu erkennen und das einmal als richtig zu tun Erkannte gegen Widrigkeit und Anfeindung durchzuhalten. Und sie kann lehren: Dazu braucht man Gefährtenschaft, ein schwesterliches Zusammenstehen, und man braucht auch Verständnis und Unterstützung von einfühlsamen, neidlosen, fairen Brüdern.

Fürbitten

Herr, in unserer Zeit ist den Frauen ihre Sendung für das Reich Gottes besonders bewußt geworden. Wir bitten dich:

- für die Frauen im kirchlichen Dienst: Laß sie ohne Furcht und ohne Anmaßung der Führung deines Geistes folgen.
  Wir bitten dich, erhöre uns.
- für die Mütter und die in der Erziehung Tätigen: Laß sie in den Herzen der Kinder Menschlichkeit und Gottesliebe begründen.
  Wir bitten dich, erhöre uns.
- für die enttäuschten und zornigen Frauen: Gib, daß sie ihre Enttäuschung überwinden und sich einsetzen für eine bessere Welt.
  Wir bitten dich, erhöre uns.
- für die gedemütigten und erniedrigten Frauen: Gib, daß wir ihr Elend

nicht hinnehmen, sondern ihnen durch unseren Einsatz eine unüberhörbare Stimme geben.
Wir bitten dich, erhöre uns.

– für die Ordensfrauen: Laß ihr Beten und Arbeiten die Reform der Kirche vorantreiben.
Wir bitten dich, erhöre uns.

Denn du, Herr, hast dich der Schwachen besonders angenommen. Vor dir sind wir alle Sünder. Durch dich sind wir Kinder Gottes. Dir sei Lob und Ehre in Ewigkeit.

Lied zur Gabenbereitung:
GL 608, 1.4: Ihr Freunde Gottes allzugleich

Gabengebet: Meßbuch II, Seite 954

Präfation: Meßbuch II, Seite 438

Sanctus: GL 441: Heilig, heilig, heilig, Herr, du Gott der Scharen

Agnus Dei: GL 442: Christus, Gottes Lamm

Lied zur Kommunion: GL 558: Ich will dich lieben, meine Stärke

Nach der Kommunion

Es kommt ein Tag nach allen Tagen
dieser alten Erde –
Tag des Herrn genannt,
an dem Gott Schluß macht.

Schluß macht mit der Macht der Mächtigen,
mit dem Weinen der Kinder,
mit dem Stöhnen der Gefolterten,
mit dem Gleichgewicht des Schreckens,
mit der Verachtung des Wahrhaftigen,
mit der Verfolgung seiner Kinder.

Dann wird unsagbare Freude sein,
wird helles Lachen herrschen,

wird an reichen Tischen gegessen,
werden Menschen lallen vor Glück,
werden wir sein wie die Träumenden.

Jetzt schon träumen wir
von diesem Land
mit wachen Sinnen,
in guter Hoffnung,
üben wir Zukunft ein,
widerstehen der Bosheit
und verkünden sein Heil.

Johannes Hansen

Schlußgebet

Vater, du hast Männer und Frauen in deinen Dienst gerufen. Gemeinsam haben wir teil am Tisch des Wortes und am Tisch des Brotes. Dafür danken wir dir. Gib, daß jeder mit seinen Talenten dem Gottesreich dient. So bitten wir durch Christus, unseren Herrn.

Schlußlied: GL 295, 1 3: Wer nur den lieben Gott läßt walten

Literatur

Ahl, Ruth: Eine Frau zwischen Galgen und Glorie. Maria Ward – zum 400. Geburtstag der Ordensgründerin, in: Frau und Beruf, 34. Jahrgang, 5/1985, S. 3 f.

III. Der über das Wesen Gottes nachdenkende (fundamentaltheologische) Ansatz

Darstellung

Im Mittelpunkt dieses Ansatzes steht die Frage nach der Weiblichkeit Gottes. Wo und in welcher Weise offenbart Gott seine weiblichen Züge? Diese Frage ist deshalb so wichtig, weil sie die Frage beinhaltet: Kann eine Frau durch ihr Leben und Wesen auf Gott hinweisen, oder steht sie doch unter dem Mann, der allein durch sein Mannsein Gott repräsentieren kann?
Natürlich wissen wir, daß Gott – menschlich gesprochen – kein Mann ist, daß Gott jede menschliche Sexualität übersteigt, daß wir nur in Bildern von Gott sprechen können. Aber darum geht es gerade: um unser Sprechen über Gott in Bildern. Stolpern wir nicht über diesen Satz? Fällt uns da nicht sofort das Verbot aus den Zehn Geboten ein: „Du sollst dir kein Bildnis machen"? Zunächst sollte dieses Bildnis-Verbot nur die Gefahr abwehren, daß die Israeliten sich wie die heidnischen Nachbarvölker „Standbilder" machten und verehrten (das „Goldene Kalb"). Für uns bedeutet dieses Gebot u.a.: Gott ist immer größer und anders, übersteigt all unsere Vorstellungen: Die Unähnlichkeit mit uns Menschen ist größer als die Ähnlichkeit!
Dies müssen wir im Kopf behalten, wenn wir andererseits der Einsicht Rechnung tragen wollen, daß wir Menschen Bilder und Vorstellungen brauchen, um eine Beziehung zur Gottheit aufzubauen. Selbst Jesus gebraucht ein Bild für Gott, nämlich: Vater, allerdings in der familiär-zärtlichen Koseform „Abba".[1]
Kehren wir zurück zu unserem Gottesbild. Dieses ist tief geprägt von Gott als Mann und Vater. Wie sehr uns allen dieses Bild in Fleisch und Blut übergegangen ist, spüren wir, wenn wir uns einmal fragen, ob wir uns Gott auch als alte Frau vorstellen könnten, etwa so wie Albrecht Dürer seine Mutter gezeichnet hat. Wenn ja, hat dies auch Auswirkungen auf die Beziehung von Männern und Frauen, auf ihre Rollenbilder, auf Unter- und Überordnung.
Wenn Menschen sich Gott nur als Mann vorstellen, werden die Männer erhöht, Frauen können unsichtbar und unwürdig gemacht werden, oder sie werden zumindest dem Mann als zweitrangig unterstellt.[2] Deshalb haben sich radikale feministische Denkerinnen auf die Suche nach der Göttin gemacht. (Dazu mehr in den Abschnitten IV.: Der mythologisch-symbo-

lische Ansatz, Seite 87, und: V. Der marianische Ansatz, Seite 107.) Christliche und jüdische Frauen suchen in ihrer Tradition, und sie entdekken, daß auch in früherer Zeit Gott schon weiblich gesehen wurde, so z.B. bei Clemens von Alexandrien, Hildegard von Bingen, Juliane von Norwich.[3]

Wenn wir die Bibel genauer lesen, entdecken wir eine Reihe von vergessenen Bildern und Eigenschaften, mit denen Gott seine weibliche Seite offenbart. So begegnet uns z.B. Gott als Mutter (Jes 49, 15; Jes 66, 13), als Geburtshelferin (Ps 22, 10–11), als Hausfrau (Gleichnis von der verlorenen Drachme – Lk 15, 8–10), als Bäckerin (Gleichnis vom Sauerteig – Mt 13, 33) und vieles mehr.[4] Dazu kommt die Weisheit, die Sophia, die uns besonders in den alttestamentlichen Büchern Jesus Sirach, der Sprichwörter und Weisheit Salomos begegnet. Diese als weiblich gedachte Eigenschaft Gottes ist schon beim Schöpfungswerk anwesend.[5]

Eng verbunden mit der Frage nach der Weiblichkeit Gottes ist auch das Nachdenken über den Heiligen Geist/die Heilige Geistin. Ruach, das hebräische Wort für Geist, ist ein weiblicher Begriff. Im Neuen Testament erscheint der Heilige Geist als Taube bei der Taufe Jesu. Im griechischen Text heißt es „hé peristéra", wörtlich: „Vogel der Istar/Astarte". Die Taube war Begleiterin dieser Göttin, wie bei den Griechen und Römern Begleiterin der Aphrodite oder Venus, der Göttin der Schönheit und Liebe. Deutlich ist in diesem Bild noch die Weiblichkeit des Geistes angesprochen. Leider wurde der Geist mit „spiritus" im Lateinischen männlich und im Griechischen mit „pneuma" sächlich. Doch Lukas verwendet im Pfingstbericht für das Wehen eines starken Windes, das ein Bild für das Wirken des Heiligen Geistes ist, noch das weibliche Wort „he pnoé" (Apg 2, 2).

Abschließend ist festzustellen, daß es mehr Bilder für Gott in der Bibel gibt, in denen sich Frauen finden können, als gemeinhin vermutet wird. Sie zu haben, zu kennen und zu deuten ist eine wichtige Aufgabe für uns Frauen.[6]

Anmerkungen

1 Vgl. Ahl, Ruth: Du bist Vater, du bist Mutter. Das Gottesbild in der Bibel, in: Feministische Theologie – was ist das eigentlich?, in: Frau & mutter 4/1989, S. 5 f.
Halkes, Catharina: Motive für den Protest in der feministischen Theologie gegen Gott, den Vater, in: Concilium 3/1981, S. 256 f.

2 Vgl. Ahl, Ruth: a.a.O., S. 4.
Daly, Mary: Jenseits von Gottvater, Sohn und Co. ... Aufbruch zu einer Philosophie der Frauenbefreiung, München 1979, S. 27–60.
Halkes, Catharina: a.a.O., S. 256 f.

3 Vgl. Ahl, Ruth: a.a.O., S. 6.

Monheim-Geffert, Marga: Abschied vom Himmlischen Vater?, in: Handbuch Feministischer Theologie, hrsg. von Schaumberger, Christine und Maaßen, Monika, Münster 1986, S. 326 f.

4 Vgl. Mollenkott, Virginia R.: Gott, eine Frau?, a.a.O.

5 Vgl. Mollenkott, Virginia R.: a.a.O., S. 99–106.

Moltmann-Wendel, Elisabeth: Das Land, wo Milch und Honig fließt, a.a.O., S. 104 f.

Ruether, Rosemary: Das weibliche Wesen Gottes: Ein religiöses Problem von heute, in: Concilium 3/1981, S. 218.

Dies.: Sexismus und die Rede von Gott. Schritte zu einer anderen Theologie, Gütersloh 1985, S. 78.

Winter, Urs: Frau und Göttin. Exegetische und ikonographische Studien zum weiblichen Gottesbild im Alten Israel und dessen Umwelt, Freiburg/Schweiz 1983, S. 508–529.

6 Vgl. Gerl, Hanna-Barbara: Die bekannte Unbekannte. Frauenbilder in der Kultur- und Geistesgeschichte, Mainz 1988, S. 155–157.

Halkes, Catharina: Gott hat nicht nur starke Söhne, a.a.O., S. 61 f.

Moltmann-Wendel, Elisabeth: a.a.O., S. 106.

Weibliche Gottesbilder in der Bibel

Vorbemerkung

In diesem Wortgottesdienst feiern wir ganz bewußt die weibliche Seite Gottes, wie sie uns in der Schrift überliefert ist. Auf das Hören des Schriftwortes folgt die Antwort im Beten und Singen. Am Ende des Verkündigungstextes wird von einer Gruppe „Der Sichelmond" nach einem Konzert von Vivaldi getanzt, beschrieben in dem Buch von Maria-Gabriele Wosien: Sakraler Tanz – Der Reigen im Jahreskreis. Tanzbeispiele mit Tonkassette, München 1988, S. 88 f.

Eingangslied: GL 505, 1–3: Du hast uns, Herr, gerufen

Begrüßung / Eröffnung

Schon seit Jahren bemühen wir uns in unserer Frauenarbeit gemeinsam, dem Zeichen der Zeit Rechnung zu tragen, daß Frauen ihre Stellung in Kirche und Gesellschaft neu überdenken und in neuen Formen zu verwirklichen suchen.
Gleichrangigkeit von Mann und Frau vor Gott, Partnerschaft zwischen Frau und Mann in den Vollzügen ihres Lebens, weibliche Wesenszüge im Gottesbild – das sind keine Schlagworte, sondern neue Erkenntnisse im Bild von Mensch und Gott, und sie sind in allen unseren persönlichen Beziehungen, gesellschaftlich und religiös, wirksam. Wir wollen keiner Ideologie verfallen, die ohnehin nur eine Zeitlang gültig sein kann, sondern mühen uns um Weiterbildung und Vertiefung in unseren bleibenden Glaubenswahrheiten. Eine der wichtigsten Orientierungshilfen dabei ist die Heilige Schrift.
Unser Gottesdienst schöpft aus ihr und kann uns eine solche Hilfe anbieten. Wir hören von Gott in drei Bildern aus dem Alten und Neuen Testament. Sie sollen unsere Beziehung zu Gott lebendiger werden lassen. Wir erkennen Gott in drei Symbolen: Geschöpfen weiblicher Natur.
Eine reiche Bildersprache finden wir auch immer in der Literatur großer Heiliger, Männer und Frauen. Ihr geheimnisvolles mystisches Leben mit Gott bedient sich allen menschlichen und geschöpflichen Lebens. Oder wir gehen in die Schule großer Künstler; wir denken an Marc Chagall in unserer Zeit, dessen Bilderfenster in vielen Symbolen unsere ganze Heilsgeschichte aussprechen.
Im Kyrie wollen wir unsere Herzen für das Anliegen bereit machen.

Kyrie

Dreifaltiger Gott, du bist das große Geheimnis unseres Lebens. Wir erkennen unsere Schwäche und Sündhaftigkeit, und doch sind wir immer auf der Suche nach dir. Weil deine Liebe uns ganz umfängt, brennt eine tiefe Sehnsucht in uns nach dir, unserer Mutter, nach dir, unserer Geborgenheit, nach dir, der Erfüllung unseres Lebens.

Singen: GL 425: Herr, erbarme dich.

Gott, in Christus bist du uns menschlich ganz nahe gekommen. Wir lieben dich als Bruder und Schwester, als Freund und Freundin, als unseres Lebens „Du“, in dem wir unser wahres Menschsein wiederfinden.

Singen: GL 425: Christus, erbarme dich.

Gott, du lebst und wirkst in uns als Heiliger Geist; durchdringe uns neu als erbarmende Liebe, als Gerechtigkeit und Wahrheit, als Freude, Weisheit und Treue.

Singen: GL 425: Herr, erbarme dich.

Brüder und Schwestern, voll Vertrauen wollen wir an die Liebe Gottes glauben und ihn auch jetzt in diesem Gottesdienst wieder mit ganzem Herzen suchen. Dazu erflehen wir Gottes Hilfe in Christus, unserm Herrn.

Gebet

Gott möge uns helfen, daß wir nun in unseren drei Betrachtungen das vollziehen, was Heilige uns für unser Gebetsleben vorgestellt und empfohlen haben: Gottes Wort hören – Gottes Wort in unseren Herzen erwägen – und auf Gottes Wort im Gebet, sprechend und singend, antworten.

I. Henne

Schrifttexte

Das erste Bild ist die Henne. In ihr verkörpert sich der Wesenszug der Geborgenheit und des Heimatseins.
Aus einer alttestamentlichen, altjüdischen Schrift, dem 5. Buch Esra, hören wir:
„Ihr habt nicht mich verlassen, sondern euer eigenes Selbst, sagte der Herr. So sprach der Allmächtige: Habe ich euch nicht angefleht wie ein Vater seine Söhne, eine Mutter ihre Töchter und eine Amme ihre Säuglin-

ge, daß ihr mein Volk sein werdet und ich euer Gott sein werde? Ich sammelte euch um mich wie eine Henne ihre Küken“ (5 Esra 1, 27–30).

Und im Neuen Testament begegnet uns ein ähnlicher Text bei Lukas:
Lk 13, 34

Meditation

Wenn Jesus sich selbst mit einer Henne vergleicht, weiß er, daß er sich eines bekannten Bildes für Gott aus dem Alten Testament bedient.
Umsorgen, wärmen, schützen – das erfährt der Mensch unter Gottes Flügeln. Immer wieder begegnet uns in den Schriften dieses mit weiblichen Zügen versehene Bild für Gott, insbesondere auch in den Psalmen, z.B. im Psalm 57, 2: „Sei mir gnädig, o Gott, sei mir gnädig; denn ich flüchte mich zu dir. Im Schatten deiner Flügel finde ich Zuflucht.“ Oder im Psalm 61, 5: „In deinem Zelt möchte ich Gast sein auf ewig, mich bergen im Schutz deiner Flügel.“
Als Jesus von seinem Verlangen spricht, wie eine schützende Henne gegenüber dem Volk von Jerusalem zu sein, setzt er seine Sendung zu Israel mit dem göttlichen Erbarmen gleich. Jerusalem lehnt jedoch Gottes Erbarmen ab. Das hebräische Wort für Erbarmen kann mit Mutterliebe übersetzt werden. Im Bild der Henne wird uns die Mütterlichkeit in Gott symbolisiert.
Doch es ist die alte Sünde des Menschen, daß er in seinem Freiheitsdrang diese Bindung an Gott, seinen Schöpfer und Erlöser, immer wieder zerreißt. Auf das leise Angebot Gottes, sein Erbarmen, seine bedingungslose Liebe, hört der Mensch oft nicht, oder er verschließt sich sogar in seiner Überheblichkeit. Das Volk von Jerusalem sind wir selbst auch in unserer Herzlosigkeit und Untreue. Darüber vergießt Jesus Tränen. Unendliche Liebe, die auf Gegenliebe wartet!

Gebet

Barmherziger Gott, du birgst jeden einzelnen von uns unablässig in deiner unendlichen Liebe; mache uns für sie bereit. Wir wollen versuchen, einzeln und miteinander immer bei dir unsere Zuflucht zu nehmen. Wir bitten dich für unsere Nächsten und für alle Menschen, deren Leid darin besteht, daß sie keine Liebe erfahren.
Christus, höre uns. Christus, erhöre uns.

Lied: GL 291, 1: Wer unterm Schutz des Höchsten steht

II. Adlermutter

Schrifttexte

Ein zweites Bild für Gott ist das der Adlermutter. Auf ihren Flügeln trägt sie die Jungen aus dem Nest. Mit diesem Bild verbinden wir die Eigenschaften: leiten, führen, helfen.

Im Alten Testament, im Buch Deuteronomium, hören wir:
Dtn 32, 9–12

Ähnliches wird im Buch Exodus geschildert:
Ex 19, 3–5a

Das Bild vom weiblichen Adler finden wir auch in der Offenbarung des Johannes. Dort entflieht die Frau, die das göttliche Kind geboren hat, indem sie mit den Flügeln eines großen Adlers fliegt. Wir hören aus der Offenbarung des Johannes:
Offb 12, 13–16a

Meditation

Das Bild von der Adlermutter spricht vom Getragen-Werden auf Gottes Flügeln, aber auch vom Aufgerüttelt-Werden. Hören wir, wie die Adlermutter mit ihren flügge gewordenen Jungen umgeht: Sie trägt sie auf ihren Flügeln, läßt sie aber plötzlich hinabstürzen, um sie zum Selbstfliegen zu zwingen. Dabei bleibt sie in der Nähe, um wieder unter sie zu gelangen, wenn sie zu müde werden, um allein weiterzufliegen. Welch ein Bild von einem liebenden Gott, der pfleglich für uns sorgt, wenn wir schwach sind, aber dennoch unsere Reife und innerliche Stärke als Ziel im Auge behält, anstatt uns in ungesunder Abhängigkeit von einer Kraft außerhalb unseres Selbst zu lassen!

Gebet

Allmächtiger Gott, du allein kannst das Leben aller Geschöpfe erhalten und zum Heil führen. Wie verblendet, verzagt und verzweifelt sind wir oft! Erneut flüchten wir uns mit großem Vertrauen unter deine starken Flügel und bitten dich für alle Menschen, besonders diejenigen, die unserer Verantwortung anvertraut sind, und auch für die, die in Gesellschaft und Kirche große Entscheidungen zu treffen haben. Laß sie auf deine Weisungen achten und führe die Menschheit zum Heil.
Christus, höre uns. Christus, erhöre uns.

Lied: GL 258, 2: Lobe den Herren

III. Bärenmutter

Schrifttexte

Als drittes lernen wir Gott im Bild der grausam zornigen Bärenmutter kennen, die um ihre Jungen kraftvoll kämpft.
Der Prophet Hosea verkündet mit großer Leidenschaft die Liebe Jahwes zu seinem Volk, das durch seine Könige und Priester zum Götzendienst verführt wurde. Jahwe aber ist ein eifersüchtiger Gott, der das ungeteilte Herz seiner Gläubigen haben will. Er kämpft um die alte Liebe und Treue seines Volkes wie eine zornige Bärenmutter. Er bestraft sein Volk, jedoch um es zu retten.

Wir lesen im Buch Hosea:
Hos 13, 4–8

Im Neuen Testament begegnen uns Frauen, von denen gesagt wird, daß sie für das Evangelium gekämpft haben. Paulus hätte sicher nicht diesen so starken Ausdruck des Kämpfens gewählt, wenn es sich hier lediglich um caritative oder finanzielle Unterstützung gehandelt hätte.
Wir hören aus dem Philipperbrief:
Phil 4, 1–3

Meditation

Gerade weil das Bild von Gott als einer grausam zornigen Bärenmutter alle unsere Vorurteile über das sanftere, angemessene Verhalten einer Frau sprengt, ist es ein wichtiges Bild für unsere Zeit. Denken wir nur an die vielen Mütter in der Dritten Welt, die in Hungersnöten und Kriegswirren für ihre Kinder kämpfen bis zur Selbstaufgabe. Sie sind die starken Frauen, die oft allein die Last tragen, während die Männer passiv sind. Denken wir aber auch an die Frauen, die mit Entschlossenheit gegen eine Gesellschaft und auch gegen Religionsgemeinschaften kämpfen, weil die ganze Breite ihrer Fähigkeiten und Begabungen nicht anerkannt und sie immer auf eine zweitrangige Rolle verwiesen werden.

Gebet

Allweiser Gott, du allein durchschaust unser Herz, du weißt um all das Gute und Böse in der Welt und willst von uns, daß wir die Geister unterscheiden, die auf unser Leben einwirken. Mach uns stark im Kampf ge-

gen Ungerechtigkeit, Unmoral, Unfrieden: Stärke uns durch dein Wort und durch dein Brot. Wir bitten dich für alle Menschen, die vom Bösen befangen sind, und für alle, die in irgendeiner Weise unschuldig der Grausamkeit und Bosheit der Welt ausgeliefert sind.
Christus, höre uns. Christus, erhöre uns.

Tanz

Der Sichelmond
(Vivaldi, Konzert für Violine und Laute, D-Moll, Largo)

Choreografie: B. Wosien
Takt: 4/4
Rhythmus: Andante
Handhaltung: Untergehakt (li unter re) oder eng stehend angefaßt:
Aufstellung: Als offener Halbkreis , Front zur Mitte:

Der Mond ist Symbol für die rhythmischen Zyklen der Zeit. Mit dem Mond verbundene göttliche Wesen beherrschten das Schicksal der Menschen. Im Mythos der Antike war Selene (selas = die Strahlende) die Mondgöttin, Schwester und Gemahlin des Sonnengottes Helios. Ihr unterstanden die Gezeiten, alles Wachstum und der Neubeginn.
Der Sichelmond, als Attribut vieler jungfräulicher Gottheiten, steht in bezug auf seine zunehmende Phase im Zusammenhang auch mit Schwangerschaft. So wird die Jungfrau Maria als „immaculata", die Makellose, Reine, häufig auf der Mondsichel stehend oder sitzend abgebildet. Impliziert im Erscheinen des Neumondes ist auch die Bedeutung der Überwindung des Todes und der Hinweis auf das ewige Leben.

Bewegungseinheiten: Das Raummotiv ist ein wandernder Halbmond, doch beschreibt auch jeder einzelne Tänzer mit acht Schritten einen kleinen Halbmond am Platz: mit den ersten vier Schritten die linke Hälfte der Sichel, mit den folgenden vier Schritten die rechte. Jeder Taktschlag ist ein Schritt.

1 L-vor (schräg links zur Mitte)
2 R-ran
3 L-vor (wie 1)
4 R-ran tip
5 R-rück (schräg rechts, in TR)
6 L-rück kreuzen hinter R (plié)
7 R-seit
8 L-ran // Da capo

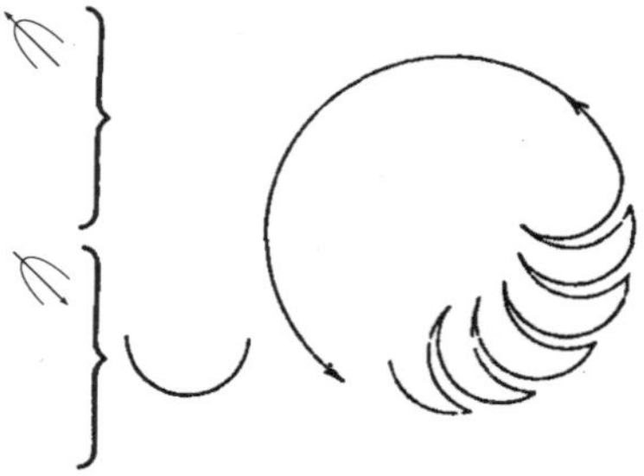

Zeichenerklärung:
 = offener Kreis
 = Tanzrichtung: Front zur Mitte
L = linker Fuß
R = rechter Fuß
Da capo = Wiederholung

Gabengebet

Barmherziger Gott, du Schöpfer der Welt, du Urgrund unseres Lebens! Auch wir sind aus Erde geschaffen und zum Leben gerufen durch deinen göttlichen Atem. In ihm gibst du uns die Kraft, die wir brauchen, um alle Aufgaben, auch die schwierigsten, unseres Alltags zu bewältigen. Wir dürfen leben und sind dein. In dieser Freude feiern wir Eucharistie mit Christus, unserem Herrn.

Präfation: Meßbuch II, Seite 502

Sanctus: GL 257, 1–2: Großer Gott, wir loben dich

Kommunionvers: Lk 13, 34

Lied zur Kommunion: GL 546, 1–2. 6–7: Gottheit tief verborgen

Gemeinsames Gebet: GL 698, 2: Psalm 91

Schlußgebet

Gütiger Gott, wir waren gemeinsam auf der Suche nach dir. Du hast dich uns gezeigt in guten Bildern und Worten der Schrift. Du hast dich uns geschenkt im Mahl der Liebe. Wie eine Mutter bist du die Mitte unserer Gemeinschaft, die sich in Geschwisterlichkeit um dich sammelt. Du gehst mit uns in unseren Alltag, wir danken dir dafür in Jesus Christus.

Schlußlied: GL 573, 1–3: Gegrüßet seist du, Königin

Die drei heiligen Madl

Vorbemerkung

Am Fest der heiligen Barbara erinnern wir uns daran, daß sie eigentlich zu einer Dreiergruppe von Frauen gehört: „Barbara mit dem Turm, Margareta mit dem Wurm, Katharina mit dem Radl". Dies ist ein uraltes Bild weiblicher Frömmigkeit. Die Gottesdienstteilnehmer/innen erhalten ein Bild, das die 14 Nothelfer zeigt. Dieser Gottesdienst kann natürlich auch am Fest der heiligen Margareta oder am Fest der heiligen Katharina gefeiert werden.

Vierzehn Nothelfer

Eingangslied: GL 110, 1: „Wachet auf", ruft uns die Stimme

Begrüßung / Eröffnung

Kyrie: GL 103: Tau aus Himmelshöhn

Einführung zum Thema des Gottesdienstes

Die heilige Barbara, deren Gedenktag wir heute feiern, gehört zu einer Gruppe von drei heiligen Frauen, die wir bei den 14 Nothelfern finden. Auf dem ausgeteilten Blatt sehen Sie diesen Kranz der Heiligen. Die drei Frauen befinden sich im oberen Teil des Bildes. Man nennt sie auch „die drei heiligen Madl". Wir kennen wohl diesen Spruch:

„Barbara mit dem Turm,
Margareta mit dem Wurm,
Katharina mit dem Radl,
das sind die drei heiligen Madl."

Besonders in Kirchen des süddeutschen Raumes sind sie als Dreiergruppe zu finden; so auch in einer kleinen Dorfkirche in Ifersdorf in der Oberpfalz. In der ihnen geweihten Kirche stehen sie, im Halbkreis angeordnet, im barocken Altaraufsatz. Diese drei Madl werden schon länger dargestellt als die gesamte Gruppe der 14 Nothelfer.
Die Darstellung von drei Frauen geht auf den vor- und frühchristlichen Bereich zurück. Es gab Bilder von drei in der Gruppe gestalteten Frauen mit vielfachem, aber feststehendem Inhalt, so z.B. „die drei Marien" oder auch die sogenannte „Anna Selbdritt", die die Mutter Anna, Maria und das Jesuskind zeigt. Auch in den uns bekannten alten Märchen begegnen uns immer wieder drei Frauen, z.B. im „Aschenputtel", in „Einäuglein, Zweiäuglein, Dreiäuglein", in „Die drei Spinnerinnen" u.a. In der Antike gibt es die Gruppe der drei Göttinnen, so in Griechenland Artemis, Aphrodite und Athene, in Ägypten Neit, Hathor und Isis. Dies ist nicht verwunderlich, denn wir begegnen hier altem Kulturgut: Das Dreieck ist ein Lebenszeichen höchster Qualität. Die Drei hat als Zahl ihre besondere Bedeutung.
So müssen in Märchen drei Wünsche erfüllt werden, drei Wünsche sind frei, dreimal sollen Beschwörungsformeln wiederholt werden. Überall berührt die Drei den vom Menschen nur schwer erreichbaren Raum des Numinosen, des Mysteriums. So symbolisiert die Zahl Drei die Gottheit. Wir

Christen denken dabei sofort an Dreieinigkeit, Dreifaltigkeit: Vater – Sohn – Heiliger Geist. In vorchristlicher Zeit war das Dreieck ein Zeichen für die Göttin in dreifacher Gestalt.
Wenn auch Gott im Alten und Neuen Testament gebietet, kein geschnitztes Bild von ihm zu machen und anzubeten, so brauchen wir Menschen doch Bildzeichen, Symbole für Gott. Nicht als Mann oder als Frau dürfen wir ihn in seinem Wesen festlegen, doch wir dürfen männliche und weibliche Züge, Eigenschaften in seiner Zuwendung zu uns erfahren und auch symbolisch darstellen. Wenn die Frau die gleiche Würde, die gleiche Berechtigung hat und in ihrem Wesen voll Mensch ist, dann kann auch sie, so gut wie das männliche Symbol, Gottes Macht und Größe zeichenhaft darstellen. Darum gibt es solche Dreiergruppen von Frauen, besonders bei den Heiligen der Kirche.
Der dreieinige Gott unseres christlichen Glaubens ist ein unergründliches Geheimnis, ein Geheimnis überströmender Liebe: Gott ist kein einsames Wesen, sondern ein Gott, der aus der Überfülle seines Seins sich schenkt und mitteilt, ein Gott, der in Gemeinschaft von Vater, Sohn und Geist lebt, der darum auch Gemeinschaft schenken und begründen kann. Die Gruppe der „drei heiligen Madl“, wie der Volksmund sie nennt, bedeutet einen Anruf für uns, aufeinander zuzugehen, im Austausch und Dialog zu bleiben, uns nicht zu isolieren, sondern das Geschenk des Glaubens gemeinsam zu leben. Die Texte, Lieder und Gebete unseres Gottesdienstes sind von diesen Gedanken getragen.

Wir wollen noch kurz auf die Legenden der drei heiligen Frauen eingehen: Sie gehören zu den frühen christlichen Märtyrern um 300 nach Christus. Alle drei haben Jungfräulichkeit gelobt. In ihren Leiden und Qualen um Christi willen werden sie zunächst durch wunderbares Geschehen von Gott geschützt.

Barbara, die sehr schön war, wurde von ihrem Vater in einen Turm gesperrt. Als er erfuhr, daß sie heimlich Christin geworden war, schleppte er sie vor den Richter. Nach vieler Qual tötete er sie sogar mit seinem Schwert.

Auch *Margareta* wurde durch ihren Vater ins Gefängnis gebracht. Dort erschien ihr der Teufel in Gestalt eines Drachens, eines schrecklichen Wurms, um sie zum Abschwören ihres Glaubens zu verführen. Doch sie rang mit ihm und trieb ihn durch das Kreuzzeichen hinaus. Schließlich wurde auch sie enthauptet.

Katharina, eine afrikanische Prinzessin, wurde wegen ihres Bekenntnisses zum christlichen Glauben in den Kerker geworfen. Da sie nicht umzustimmen war, sollte ein großes hölzernes Rad sie zu Tode fahren, doch es brach in Stücke. Dann beendete das Schwert ihr junges Leben.

Die restlose Hingabe und Liebe zu Gott hat diese drei heiligen Frauen beseelt. Nichts konnte ihren Glauben erschüttern, um so mehr, weil Gott sichtbar mit ihnen war und sie für den Märtyrertod stark machte. Ihr Glaubenszeugnis für Christus kann uns Hilfe werden.

Gebet

Herr, unser Gott, wir stehen oft fassungslos vor dem, was Menschen anderen Schlimmes antun. Oft fragen wir uns, warum du es zuläßt. Heute schauen wir auf die heiligen Jungfrauen Barbara, Margareta und Katharina, die in der Not auf dich vertraut haben. Hilf uns zu begreifen, daß du auch im Leid bei den Menschen bist. Amen.

Lesung: Hld 8, 6–7

Zwischengesang: GL 110, 2: Zion hört die Wächter singen

Evangelium: Mt 25, 1–13

Fürbitten

Laßt uns beten zu unserem guten Vater, der durch seinen Sohn Jesus Christus den Heiligen Geist gesandt hat:

- Die heiligen Jungfrauen Barbara, Margareta und Katharina haben auch im Martyrium auf Jesus vertraut und sind ihm treu geblieben. Hilf, daß auch wir ihm vertrauensvoll nachfolgen.
  Wir bitten dich, erhöre uns.
- Laß die Verfolgten, Geschundenen und Gedemütigten unserer Zeit die Nähe der Gottesmutter, der Königin der Jungfrauen, erfahren.
  Wir bitten dich, erhöre uns.
- In unserer Zeit haben Frauen sich auf den Weg gemacht, die weibliche Seite Gottes tiefer zu erfahren. Hilf, daß alle in der Kirche spüren, welch eine Bereicherung dies für den Glauben der Menschen sein kann.
  Wir bitten dich, erhöre uns.

Dreifaltiger Gott, du bist herrlich in deinem Wesen. Dir vertrauen wir und preisen dich in alle Ewigkeit. Amen.

Lied zur Gabenbereitung:
GL 116, 1. 3. 6: Gott, heilger Schöpfer aller Stern

Gabengebet: Meßbuch II, Seite 905

Präfation: Meßbuch II, Seite 434

Sanctus: GL 510: Heilig, heilig, heilig

Agnus Dei: GL 511: Herr Jesus! Du bist das Lamm

Kommunionvers: Röm 8, 38–39

Lied zur Kommunion: GL 114, 1– 3.7: Es kommt ein Schiff, geladen

Meditation

Die Gedanken einer Schriftstellerin unserer Tage vertiefen am Ende dieses Gottesdienstes die Aussage, daß Gott sich uns in einer Vielzahl von Bildern offenbart.

Ich bin die Vielfalt

vielleicht sind es die alten Namen,
alten Bilder, die wiederkehren –
verflucht, verbrannt, zerschlagen,
ausgemerzt
und ruhten doch in unsrer Tiefe,
und schliefen in der Sehnsucht,
und steigen auf als frische, süße Quellen

vielleicht willst du nicht länger warten,
Heil der Menschen, sagst mir,
sagst Herrschenden und Suchenden:
weshalb zerschneidet ihr mich, engt mich ein?
weshalb maskiert ihr Mächtigen
mein Gesicht, macht euch,
macht die Gehorsamen und alle,
die meine volle Schönheit schmerzlich
ahnen, ärmer? Teilt Hunger aus statt Brot?

ich bin die Vielfalt,
die ihr nie begreifen könnt
und eure Klugheit, eure Liebe
erschöpfen meine Fülle nicht
in mir erwachen alle Farben, alle Klänge,
die starke Sonne und der sanfte Mond
bewegen sich aus mir,
die Sterne kreisen um mich, die Planeten
in mir sind Frau und Mann vollkommen
Liebe, untrennbar heiles Leben
so blickt mich an und findet euch in mir
versöhnt Getrenntes,
laßt das Heil geschehen

Christa Peikert-Flaspöhler

Schlußgebet: Meßbuch II, Seite 904

Schlußlied: GL 108, 1– 2. 5: Komm, du Heiland aller Welt

IV. Der mythologisch-symbolische Ansatz

Darstellung

Die Gedanken dieses Ansatzes wurden verstärkt von Frauen entwickelt, die die jüdisch-christliche Religionsgemeinschaft verlassen haben. Sie sind der Meinung, daß es wenig Sinn hat, das einseitige, männlich geprägte Gottesbild der jüdisch-christlichen Religion in Richtung auf die Frau hin zu verbessern und zu ergänzen. Von der biblischen Religion sich abwendend, wollen sie zu einer Art Naturreligion zurückfinden, in deren Mitte die weibliche Gottheit stehen soll. Sie sind der Meinung, daß sie an die Ursprünge der menschlichen Religion, die matriarchal (mutterrechtlich, frauenvorherrschend) war, anknüpfen. So versuchen sie, in Mythen (Götter-/Göttinnensagen), Symbolen (Zeichen, hinter denen eine größere Wirklichkeit deutlich wird), Bildern, jahreszeitlichen Abläufen ihr Leben zu deuten und ihre Beziehung zu Gott auszudrücken.

Ihre These vom ursprünglichen Matriarchat hat durch die heutige Forschung, und zwar durch Ausgrabungen im Nahen Osten, durch Höhlen- und nicht zuletzt durch die Märchen- und Mythenforschung, einen gewaltigen Auftrieb bekommen.[1]

Die matriarchalische Göttin (oder die große Göttin) ist nach den bisherigen Forschungen eine dreifaltige Göttin gewesen, deren Symbol der Mond in seinen drei Phasen war. Die weiße Mondsichel ist das Zeichen des jungen, zunehmenden Mondes, das Symbol der Göttin in ihrer Mädchengestalt, die Göttin des Frühlings. Die purpurne Doppelsichel, das Zeichen des Vollmondes, ist das Symbol der Göttin in ihrer Gestalt als erwachsene Frau, die Göttin der Fruchtbarkeit, die den Sommer regiert. Die schwarze, abnehmende Sichel ist das Symbol der Greisingöttin. Als winterliche Todesgöttin herrscht sie in der Unterwelt; sie nimmt alles Leben mit sich in die Tiefe, um es im neuen Jahr wieder zum Licht aufsteigen zu lassen.

Zur Göttin gehört der Heros, ihr menschlicher Partner. Sein Symbol ist die Sonne.[2]

Die jahreszeitlichen Zyklen (Frühling, Sommer, Herbst, Winter) von der Ernte bis zur neuen Aussaat und wieder zur Ernte, von der Regenzeit zur sengenden Hitze der Dürreperiode, die der ausgetrockneten Vegetation den Tod brachte, und wieder zur erlösenden Feuchtigkeit, die neues Leben versprach, wurden in den Mythen (Sagen und Götter-/Göttinnenerzählungen) und im Drama der Götter/Göttinnen nachempfunden.

In diesen jahreszeitlichen Ritualen erlebte und feierte die Gemeinschaft das dramatische Geschehen von Tod und Wiedergeburt und durchlebte symbolisch Schicksalsschläge und Bedrohungen, die von natürlichen (Überschwemmungen, Dürre, Stürme) und menschlichen Feinden (Massaker, Krieg, Niederreißen und Niederbrennen der Behausungen, Zerstörung der Bewässerungsanlagen) ausgingen.
Die Zyklen der Natur wurden so zum Sakrament des ewigen Wandels von Leben und Tod, von geordneter Welt und ungeordnetem Chaos.[3]
Die Frage, die sich uns nun stellt, die wir Christinnen bleiben wollen, ist: Was können uns die Frauen der Göttinnenbewegung vermitteln? Kann ihre Art, zu glauben, zu feiern und zu danken, auch uns in gewissen Dingen weiterhelfen, oder ist alles, was sie sagen und leben, abzulehnen und zu verurteilen?
Zunächst einmal sollten wir dem Suchen der Göttinnenbewegung mindestens mit jenem Verständnis und jener Toleranz begegnen, die das II. Vatikanische Konzil für die nichtchristlichen Religionen fordert in seinem Dekret „Nostra aetate" („In unserer Zeit" – Erklärung über das Verhältnis der Kirche zu den nichtchristlichen Religionen).[4] (Gedacht war damals zunächst an Hinduismus, Buddhismus, an alte Religionen und Naturreligionen, da es das hier erörterte Problem noch nicht gab.)
Dort wird festgestellt, daß die Religionen versuchen, Antwort zu geben auf die ungelösten Rätsel des menschlichen Daseins und daß nicht selten ein Strahl Wahrheit in ihnen aufleuchtet.[5] Ohne die Grundlagen unseres Glaubens zu leugnen, erinnern uns die Frauen der Göttinnenbewegung verstärkt daran, daß die tatsächliche Existenz und das Überleben der Menschheit nach wie vor von den Zyklen der Natur abhängen. Wenn wir die Bedeutung dieser Rhythmen nicht beachten, verleugnen wir damit die konkreten Grundlagen unseres Daseins. Die Folge ist die unwiderrufliche Zerstörung der Erde, der Luft und des Wassers, von denen unser Leben abhängt. Wenn wir die natürlichen Zyklen von Tag und Nacht, die Zyklen des Monats und des Jahres und unseren eigenen Lebenszyklus von Geburt bis Tod wieder in unser religiöses Feiern hineinnehmen, nehmen wir damit auch unsere Endlichkeit an und die Aufgabe, das menschliche Leben und das Leben der Natur in harmonischer Wechselbeziehung zu erhalten.[6]
Außerdem lehren uns die Frauen der Göttinnenbewegung über unsere geistigen, verstandesmäßigen Fähigkeiten hinaus, in Symbolen, Bildern, Mythen und Märchen unser Leben neu zu entdecken.[7] Solche Bilder und bildhaften Szenen liegen im menschlichen Herzen verborgen. Im Umgang mit den Mythen, Märchen, Sagen und Symbolen hat sich gezeigt, wieviel gemeinsam Verbindendes es zwischen den Menschen verschiedener Zei-

ten und Zonen gibt, wenn sie versuchen, dem menschlichen Erleben eine Ahnung des Göttlichen zu vermitteln. So können Symbole die Kerkerwände der Welt durchlässig machen für das Licht der Ewigkeit.[8]

Anmerkungen

1 Vgl. Moltmann-Wendel, Elisabeth: Das Land, wo Milch und Honig fließt, a.a.O., S. 54.
Monheim-Geffert, Marga: Abschied vom Himmlischen Vater?, a.a.O., S. 327 f.
Pissarek-Hudelist, Herlinde: Als Frau von Gott erzählen. Feministische Visionen einer neuen Rede von Gott, in: Katechetische Blätter 2/1990, S. 109 ff.
Ruether, Rosemary: Das weibliche Wesen Gottes: Ein religiöses Problem von heute, a.a.O., S. 220.

2 Vgl. Göttner-Abendroth, Heide: Die Göttin und ihr Heros, München 4/1984, S. 5 f.
Rüttner-Cova, Sonja: Frau Holle, die gestürzte Göttin, Basel 1986, S. 82–124, 156–159.
Rush-Kent, Anne: Mond, Mond, München 1978, S. 292–319.

3 Vgl. Ruether, Rosemary: Unsere Wunden heilen, unsere Befreiung feiern. Rituale in der Frauenkirche, Stuttgart 1988, S. 116 ff.

4 Vgl. Pissarek-Hudelist, Herlinde: a.a.O., S. 112.

5 Vgl. II. Vaticanum, Nostra aetate, Nr. 1 und 2.

6 Vgl. Ruether, Rosemary: Unsere Wunden heilen, unsere Befreiung feiern, a.a.O., S. 122 f.

7 Vgl. Moltmann-Wendel, Elisabeth: a.a.O., S. 64.

8 Vgl. Drewermann, Eugen: Tiefenpsychologie und Exegese, Band II: Wunder, Visionen, Weissagung, Apokalypse, Geschichte, Gleichnis, Olten 1985, S. 35.

Jesus Christus, unser Lebensbaum

Vorbemerkung

In der Pfalz ist es an vielen Orten Brauch, daß am Sonntag „Lätare“ (vierter Fastensonntag – der Name kommt vom Eröffnungsvers der Messe des Sonntags: „Laetare Hierusalem“ = „Freut euch mit Jerusalem“) ein Sommertagsumzug stattfindet. So auch in unserer Gemeinde, morgens nach dem Hauptgottesdienst. Die Pfarrgemeinde ist Mitorganisator und -ausrichter des Zugs. Dabei werden neben mit bunten Bändern geschmückten Bäumchen von den Kindern sogenannte Sommertagsstecken (Stangen mit bunten Bändern, Brezeln und Äpfeln) mitgetragen. Der Festumzug endet mit dem symbolischen Verbrennen des Winters. Deshalb heißt dieser Brauch auch „Winteraustreiben“. Dies war Anlaß für uns, über diesen Brauch tiefer nachzudenken. Wir erkannten, daß mit dem „Verbrennen des Winters“ eigentlich auch „der Tod ausgetrieben wird“. Es wird symbolisch nachempfunden, daß das Leben stärker ist als der Tod. Und der, der den Tod endgültig besiegt hat, ist Jesus Christus. Eigentlich ist der Sonntag „Lätare“ ein vorweggenommenes „kleines Osterfest“.
Außerdem begegnen uns bei diesem Fest immer wieder Bäume oder Teile von Bäumen (Äste als Stecken verarbeitet). Auch das kann einen tiefen Sinn für uns haben, denn Bäume waren und sind in vielen Religionen Symbole des Lebens. So war es auch nicht verwunderlich, daß das Kreuz Jesu Christi schon früh als Lebensbaum verehrt wurde. Diese Zusammenhänge zu deuten, um sie dann bewußt mitfeiern zu können, ist unser Anliegen. Dann ist das Brauchtum des Lätare-Sonntags auch nicht nur ein folkloristischer Tupfer in der Fastenzeit.

Alle Gottesdienstbesucher/innen erhalten einen Handzettel mit der Abbildung eines Astkreuzes; außerdem bekommen sie am Ende des Gottesdienstes einen Apfel geschenkt. Als Schmuck in der Kirche dient ein Osterbaum, der von Frauen der Gemeinschaft gebunden und geschmückt worden ist.

Astkreuz um 1350

Eingangslied: GL 640, 1–2: Gott ruft sein Volk zusammen

Begrüßung / Eröffnung

Unsere Gottesdienste an diesem Wochenanfang werden uns als Gemeinde erneut mit dem Leitsatz der Katholischen Frauengemeinschaft Deutschlands vertraut machen, der lautet: „Zum Leben gerufen – zum Leben befreien". Bei der Beschäftigung mit diesem Thema treffen wir immer wieder auf Symbole des Lebens, die Botschaften an uns haben. Das Symbol ist ein Zeichen für eine Sache, für etwas, das sich hinter dem Zeichen verborgen hält: geheimnisvoll, bedeutungsvoll. Das griechische Wort „Symbol" heißt „Zusammengeworfenes, Zusammengefügtes". Es bringt eine für uns faßbare Wirklichkeit mit einer dahinterliegenden, nur geistig erfaßbaren Größe zusammen. Im religiösen Bereich bedeutet das: Ein Symbol bringt Göttliches und Menschliches zusammen.
In Symbolen können sich Bekenntnisse, Glaubensinhalte, durch Generationen weitergeformt, erhalten und zu uns sprechen. Heute, am Sonntag „Lätare", sehen wir die Kinder mit Sommertagsstecken, die einen stilisierten Baum darstellen; bald werden wir immergrüne Palmbüschel in unseren Händen tragen, und in der Osterzeit steht in mancher Familie ein Osterbaum mit zwölf Eiern, wie wir ihn auch hier in unserer Kirche sehen. Im Jahreslauf begegnen uns dann noch Maibäume, Kirmesbäume und zuletzt die Weihnachtsbäume. Sie alle sind Geschwister des uralten Symbols des Lebensbaums, der in den Mythen aller Völker und Religionen einen wichtigen Platz einnimmt.
Das Kreuz nimmt das uralte Symbol des Lebensbaumes auf. Durch den Tod am Kreuz wurde Jesus zum neuen Lebensbaum für die Menschen. Baum und Kreuz: Symbole des Lebens – auch für uns im Atomzeitalter?
Diese Frage kann uns in unserem Gottesdienst begleiten. Wir wissen, wie entscheidend der gute Wurzelgrund für das Wachsen und Gedeihen des Baumes ist. Jesus ist mit dem Lebensgrund, Gott, dem Vater, am innigsten verbunden. Aus seiner Liebe lebt Jesus, trägt er alles Leid, schenkt er sich uns Menschen. Weil wir uns in unserem täglichen Leben oft so weit von der Liebe Gottes entfernt haben, darum rufen wir zu Christus:

Kyrie

– Herr Jesus Christus, du bist für uns zum Saatkorn geworden, tiefer in die Erde gesenkt, als man uns je begraben kann.
  Herr, erbarme dich.

– Du hast uns zum Leben berufen wie ein unzerstörbarer Keim.
  Christus, erbarme dich.
– Dein Kreuz ist für uns zum Baum des ewigen Lebens geworden.
  Herr, erbarme dich.

Ja Herr, auf dich vertrauen wir, trotz Leid und Tod in der Welt. Amen.

Gebet: Meßbuch I, Seite 41

Erste Lesung: Gen 2, 8–9.15–18

Zwischengesang: GL 297, 1– 2: Gott liebt diese Welt

Die Menschheitsgeschichte begann unter dem Symbol des Lebensbaumes. Auch das Ende der Zeiten, wenn das Reich Gottes in Vollendung sich verwirklicht, steht unter dem Symbol fruchttragender Lebensbäume.

Zweite Lesung: Offb 22, 1–5

Zwischengesang: GL 297, 5: Gott liebt diese Welt

Evangelium: Joh 3, 14–17

Besinnung
(vorgetragen von einer Sprecherin)

Liebe Mitchristen und Mitchristinnen!
Heute feiern wir den Sonntag „Lätare“, den Sonntag der Vorfreude auf Ostern, der Vorfreude auf das Fest der Überwindung des Todes – das Fest des Lebens.
Wir erleben in dieser Jahreszeit das Erwachen der Natur; die ersten Schneeglöckchen und Krokusse blühen schon. Heute tragen Kinder Sommertagsstecken durch die Straßen. Die bunten Bänder erinnern uns an grünende und blühende Bäume, an bunte Blumen. Eine Ahnung von Sommer steigt in uns auf. Auf die Spitze des Steckens ist ein Apfel gesteckt, das Symbol der Lebensfülle, eine Erinnerung an die Ernte des Sommers. Unsere Kinder tragen einen vereinfachten Baum durch die Straßen – Zeichen der Hoffnung! Das Leben kommt nach einem langen Winter wieder. Das Leben ist stärker; der Frühling ist stärker. Gott sei Dank!

Der Baum, ein Sinnbild für das Leben?
Denken Sie nur an seine tiefe Verwurzelung in der Erde, sein Streben nach oben. Dem Jahreskreis ist er unterworfen in Blütezeit, Reifezeit, Erntezeit und schließlich als kahler Baum im Winter. An seinen Ringen lassen sich die Lebensjahre zählen. Im Gebirge steht er dem Felsen und der rauhen Witterung zum Trotz standhaft da. Er schützt die Täler vor Lawinen und Steinschlag. Wind, Wetter und Sonne ist er ausgesetzt. Den Vögeln des Himmels bietet er Behausung. Von seinen Früchten leben Mensch und Tier. Sein Holz spendet uns Wärme und seine Blätter Humus für neues Wachstum. So wird der Baum zum Sinnbild des Lebens. Wir sprechen vom Lebensbaum.
Und dennoch berichtet uns die Legende, daß der Apostel Deutschlands, Bonifatius, mit einem einzigen Axthieb die dem Gott Donar geweihte alte Eiche umhieb. Das Holz der Eiche benützte man für eine Kapelle. Von den heiligen Bäumen und Quellen und aus den heiligen Hainen zogen die Bekehrten nun in die neu erbauten Kirchen. Der neue Glaube fand nun zwischen Mauern statt und nicht mehr in der Natur.
Und doch lebt etwas von dem alten Volksglauben weiter bis heute. Unsere Kinder schmücken einen Sommertagsstecken; wir tragen bald immergrüne Palmzweige in den Händen; wir holen uns einen Weihnachts- und Osterbaum in die Stube; wir schmücken unsere Straßen mit Mai- und Kirmesbäumen. Wir umgeben uns mit Lebensbäumen.
Wir brauchen keine Angst zu haben, daß dies Heidenzauber und Götzendienerei sei. Wir müssen die Wahrheit erspüren, die dahinterliegt. Wir nehmen damit das Leben und das Fruchtbringen der Bäume hinein in die Verehrung des lebendigen Gottes.
Schlagen Sie einmal die Bibel auf. Sie werden überrascht sein, von wie vielen Bäumen da die Rede ist: Bäume im Paradies und im himmlischen Jerusalem. Da werden die stolzen Zedern des Libanon besungen und immer wieder als Gleichnis verwendet. Da gibt es die Palmen, die Ölbäume, die Feigenbäume, den Weinstock, den Dornbusch und die Trauerweide im Babylonischen Exil. Nicht vergessen dürfen wir jenen ungenannten Baum, der das Holz für das Kreuz Jesu hergeben mußte. Durch seinen Tod wurde er zum neuen Lebensbaum.
Dies zeigt auch unser Astkreuz, das auf Ihrem Platz aufliegt. Ein Künstler um 1350 hat es geschaffen. Jesus ist an einem Baum gekreuzigt: Er wird zum Lebensbaum für uns. Was Adam und Eva uns raubten, wird uns durch Jesus Christus neu geschenkt: Leben aus Gottes Hand.
Was bedeutet das nun für mich, wenn der Baum des Kreuzes Jesu zum Baum des Lebens wird? Wir erinnern uns daran, daß Gott Jesus, den Verworfenen, aufgerichtet hat. Deshalb ist er es, der Aufgerichtete und Er-

höhte, der sich unserer Lebensgeschichte erinnert. Sein Weg zum Baum des Lebens war ein Kreuzweg. Aber verbinden wir wirklich unsere Probleme, Schwächen und Fehler mit diesem Zeichen der Erlösung? Die Last am Arbeitsplatz und in der Schule, die Last der Krankheit und des Alters, die Spannungen in der Familie, der Streit zwischen den Generationen, die Schuld gegenüber einem Menschen – sehen wir das im Zeichen des Kreuzes? Das würde bedeuten: Wir suchen im Kreuzzeichen Versöhnung, Entscheidung, Vergebung. So werden aus Todessituationen Lebenserfahrungen.
Als Jesu Kreuz aufgerichtet wird, stehen neben ihm noch zwei weitere Kreuze, stellvertretend für alle Kreuze dieser Erde. Jesus stirbt nicht allein. Es waren, so würden wir heute sagen, Terroristen, denen jedes Mittel recht war, um die verhaßte römische Besatzung zu vertreiben, die gesellschaftlichen Verhältnisse zu verändern und das Paradies auf Erden zu schaffen. Blindwütige Fanatiker, die zu allem fähig sind. Fähig sind sie allerdings auch, ins Paradies zu kommen, wenn sie sich Jesus in der Mitte zuwenden. Für den, der an ihn glaubte, konnte er noch in letzter Minute etwas tun: „Wahrlich, ich sage dir, noch heute wirst du mit mir im Paradiese sein" (Lk 23,43). Welch eine tröstliche Botschaft!
Wer an Jesus glaubt, wird gerettet werden. Während Jesus so den Himmel verspricht, hat er selbst alle denkbaren Situationen des menschlichen Leidens durchmessen. Körperliche Schmerzen wurden ihm zugefügt; seelisch hat er gelitten. Es traf ihn das soziale Leid, weil er einsam und isoliert war von seinen Getreuen. Er hat gelitten unter Gott selbst, der ihm diesen Weg zugemutet hat.
Wer sich dies vor Augen hält und sich bewußt wird, daß Christus auch ihn am Kreuz erlöst hat, wird sich verpflichtet fühlen, anderen ihr Kreuz zu erleichtern. Wir können denen auf die Beine helfen, die von ihren Lebenskreuzen niedergedrückt werden. Es gibt sie hier bei uns und in anderen Ländern und Erdteilen.
Schließlich müssen wir noch unseren eigenen Lebensbaum in den Blick nehmen. Hier gibt es sicher auch einiges, was mich kreuzigt, was weggeschnitten werden müßte, damit er Frucht trägt, damit er in die Höhe, in die Zukunft Gottes hineinwachsen kann. Es können sein: Engstirnigkeit, Unduldsamkeit, Egoismus. Und andererseits habe ich vielleicht manches mißhandelt und gekreuzigt, womit ich mich hätte solidarisieren müssen: Vertrauen, Hoffnung, Ja zum Leben, Vorrang des Menschlichen vor den Maßstäben des Geltens und des Geldes. So heißt es für jeden, bei sich selbst anzufangen, um offen zu werden und zu bleiben für eigene Lasten und die Belastungen anderer. Wo das geschieht, wird der Name Jesu verherrlicht.

Wenn wir so im Sinne Jesu gegen den Tod angehen, werden wir erfahren, daß unser Leben stets den Wechsel kennt zwischen Erfolg und Niederlage, zwischen Werden und Absterben. Wichtig ist dann, daß wir der Treue Gottes mehr vertrauen als den zerstörenden Kräften des Todes. Wenn es wahr ist, daß Liebe den Tod besiegt, welcher Gott könnte und kann mehr Anlaß zum Glauben und zur Hoffnung geben als unser Gott, der Jesus aus dem Reich des Todes gerettet hat? Jesus, unser Lebensbaum, der Wind und Wetter, Sonne und Regen, Sturm und Hagel ausgesetzt war, der sich hingab, wie jeder Baum sein Holz hingibt und dadurch Wärme und Licht spendet, und dessen verweste Blätter im Humus neues Wachstum, neues Leben hervorbrachten – wenn wir zu ihm kommen, schenkt er uns Geborgenheit wie jeder Baum den Vögeln des Himmels; er bewahrt uns vor dem Tod wie Bäume vor Lawinen, und er gibt uns die Früchte zum Leben. In dieser Hoffnung können wir heute den Sommertagsstecken in die Hand nehmen und unseren Gott des Lebens feiern.

Credo: GL 489: Gott ist dreifaltig einer

Fürbitten

Gott, du hast uns gepflanzt als Bäume, die Frucht tragen sollen, und nicht als Bäume, die nur Blätter tragen, Blätter mit frommen Sprüchen, von denen keiner satt wird. Du hast uns in fruchtbares Erdreich gepflanzt, daß wir die Früchte des Geistes hervorbringen. Wir bitten dich:

– Daß wir unsere Kinder in ihrer Entwicklung nicht unnötig durch Verbote und Gebote beeinträchtigen, sondern sich in Kindgemäßheit und Liebe entfalten lassen.
  Wir bitten dich, erhöre uns.
– Daß wir unsere Jugendlichen nicht immer bevormunden und ihr Verhalten nicht nur an unseren eigenen Erfahrungen messen, sondern sie in Toleranz und Güte ihre eigene Individualität finden lassen.
  Wir bitten dich, erhöre uns.
– Daß wir unseren Partner in Ehe und Freundschaft nicht in seinem Freiraum einengen oder ihn durch unseren Egoismus zu beherrschen suchen, sondern in Demut und Uneigennützigkeit seinem Heil dienen wollen.
  Wir bitten dich, erhöre uns.
– Daß wir uns vor der Not unserer Mitmenschen nicht verschließen, sondern ihnen mit Freundlichkeit zuhören und zu helfen versuchen.
  Wir bitten dich, erhöre uns.

– Daß wir nicht dem Zeitgeist verfallen, der nur Jugend, Kraft, Leistung und Gewinn hochachtet, sondern in Geduld und Ehrfurcht auch dem alten, kranken und behinderten Leben begegnen.
  Wir bitten dich, erhöre uns.

Guter Vater, dein Sohn hat gesagt: „Ich bin das Leben" und: „Wer mir nachfolgen will, nehme sein Kreuz auf sich." – Wir wollen seinem Beispiel im Alltag unseres Lebens folgen. Schenke uns dazu deine Hilfe. Amen.

Lied zur Gabenbereitung:
GL 490, 1–3: Was uns die Erde Gutes spendet

Gabengebet: Meßbuch II, Seite 771

Präfation: Meßbuch II, Seite 772

Sanctus: GL 469: Heilig ist Gott in Herrlichkeit

Agnus Dei: GL 161, 1– 3: Gottes Lamm Herr Jesu Christ

Kommunionvers: Joh 12, 32

Lied zur Kommunion: GL 537, 1–3: Beim letzten Abendmahle
oder: GL 620, 1–4: Das Weizenkorn muß sterben

Meditation

gott
du hast uns gepflanzt
als bäume
die frucht tragen sollen
immer
das ganze jahr
in jedem augenblick

wir bitten dich

gib uns den geist jesu
daß wir wirklich
CHRISTBÄUME werden

die gaben spenden
immer dann wenn einer
hunger hat und auf uns zukommt . . .

gott mach deine kirche
auch diese gemeinde
zu einem baum des lebens
in dessen schatten die menschen
sich wohl fühlen
in dessen zweigen sie alle miteinander
ihr nest bauen können
wie die vögel des himmels . . .

gott
wir haben gehört
du seist ein gnädiger gott
ein gott der uns menschen zeit läßt
immer noch etwas zeit läßt
wir haben gehört
du seist ein gott
der geduld hat
der warten kann
ob der baum unseres lebens
der baum der kirche
doch noch frucht ansetzt
gott hab noch etwas geduld
amen!

Wilhelm Willms

Schlußgebet: Meßbuch II, Seite 774

Schlußlied: GL 616, 4– 5: „Mir nach“, spricht Christus, unser Held

Wasser – Quelle allen Lebens

Vorbemerkung

Mit dieser Andacht ist eine Tauferneuerung verbunden. Da Ostern der ursprüngliche Tauftermin der Kirche war, wäre es sinnvoll, diese Andacht in dieser Zeit zu feiern. Möglich und sinnvoll ist es aber auch, sie im Sommer, in der heißen Jahreszeit, zu feiern. Dort erleben wir, wie lebensnotwendig Wasser ist.
Es müssen bereitgestellt werden: 2–3 Schalen mit Weihwasser, Geräte für das „Asperges" mit Weihwasser, Osterkerze, kleine Kerzen für jede/n Gottesdienstteilnehmer/in.

Eingangslied:
GL 259, 1. 3. 6: Erfreue dich, Himmel

Eröffnung / Begrüßung

Mit diesem Gottesdienst möchten wir das Verständnis für das Element der Taufe – das Wasser – vertiefen. Gleichzeitig möchten wir damit eine Tauferneuerung verbinden.

Wasser ist die Quelle unseres Lebens. Die Naturwissenschaften fanden heraus, daß alles Leben einmal aus dem Wasser entstanden ist. Wasser kann Quelle des Lebens sein, aber es kann auch vernichten, wenn mächtige Fluten über das Land und die Menschen hereinbrechen. Das Urmeer, aus dem die Schöpfung durch das Wort Gottes hervorging, und die Wasser der Sintflut, die den sündigen Menschen in den Tod stürzten, werden verdichtet im Zeichen des Sakramentes der Taufe; sie werden in das Erlösungswerk Christi gestellt: Mensch, du mußt sterben – Mensch, du darfst leben! Die unsichtbaren Wassertropfen der Taufe auf der Stirn des Täuflings stehen für die Urflut, die tötet und die erlöst, und – Zukunft vorwegnehmend – für die „Ströme des ewigen Lebens" dereinst.

So wollen wir diesen Gottesdienst beginnen:
Im Namen des Vaters und des Sohnes und des Heiligen Geistes.

Schuldbekenntnis

Herr, Jesus Christus – du bist in der Dunkelheit der Welt als das Licht des Lebens aufgeleuchtet. Entzünde in uns das Feuer deiner Liebe.
GL 410: Kyrie eleison.

Herr, Jesus Christus – du bist am Kreuz zur Quelle des Heils geworden. Wasche ab unsere Schuld.
GL 410: Christe eleison.

Herr, Jesus Christus – du hast die Getauften zu neuem Leben auferweckt. Erhalte uns in diesem Bund.
GL 410: Kyrie eleison.

Herr, Jesus Christus, wir blicken auf das Geschenk unserer Taufe zurück. Wir wissen: Ohne deine Hilfe können wir nichts tun. So bitten wir dich: Vollende du, was du in uns begonnen hast, damit dein Reich komme. Sei gepriesen in Ewigkeit.

Gebet

Jesus, du bist das Licht der Welt. Du bist das Brot des Lebens. Du gibst uns Wasser des Lebens. Du bist auferstanden, und dein Geist wirkt in unserer Zeit. Du hast uns gesagt: Wer an mich glaubt, von dem sagt die Schrift, daß aus seinem Innern Ströme lebendigen Wassers fließen werden. Jesus, schenke uns das Wasser des Lebens!

Einführung zur ersten Lesung

In der Bibel wird erzählt, wie kostbar Wasser für die Menschen ist. Wie heute noch in heißen und trockenen Ländern, sammelten die Menschen in biblischen Zeiten Regenwasser in Zisternen und suchten nach frischen Wasserquellen – Wasser war eine Segensgabe Gottes.
Die Frauen gingen zu den Brunnen, um Wasser zu schöpfen. Sie waren für das Wasser verantwortlich. So wurden Brunnen, Krug und Wasser zu weiblichen Symbolen. Wasser miteinander zu teilen war ein Zeichen der Gastfreundschaft.

Erste Lesung: Gen 24, 1.2a.4.10–21

Zwischengesang: GL 209, 2: All ihr Dürstenden

Zweite Lesung: Ez 36, 24 – 28

Zwischengesang: GL 235, 2– 3: Danket dem Herrn
oder: Ps 118, 1. 7. 9

Evangelium: Joh 4, 6 – 18

Besinnung

Liebe Mitchristen und Mitchristinnen!
Eine Frau steht am Brunnen, sie ist gekommen, um Wasser zu holen, ihren Krug hat sie abgestellt. Sie ist den Weg zum Brunnen in der sechsten Stunde gegangen, also in der sengenden Mittagssonne, in der Zeit, in der der Durst am größten ist. Es ist eine unübliche Zeit – wer macht sich schon in der größten Mittagshitze auf den Weg, wenn es nicht sein muß! Diese Zeit kennzeichnet sie von vornherein als eine Ausgestoßene der Gesellschaft. Hinzu kommt, daß ihr als Samariterin von den Juden noch die Gemeinschaft mit Gott streitig gemacht wird. Damit scheint dieser Frau wohl jeder Weg zum Heil versperrt.
Doch dieser Frau widerfährt am Brunnen etwas Wunderbares: Sie begegnet Jesus. Er erwartet sie – von der Reise müde – auf dem Brunnenrand sitzend. Sie möchte Wasser schöpfen und er Wasser trinken. So ist die Frau für ihn zunächst wie ein rettender Engel, denn sie ist im Besitz eines Gefäßes, mit dem sie schöpfen kann. Das Gefäß, wie der Brunnen, sind uralte Symbole weiblicher Aufnahmefähigkeit. – Mit diesem Gefäß aber hat die Frau Jesus etwas voraus, denn ohne dieses kann er nicht trinken, daher bittet er sie: „Gib mir zu trinken!"
Doch die Frau kennt sich aus: Sie weiß Bescheid über die Feindschaft zwischen Juden und Samaritern. Und sie ahnt vielleicht, wie schwer es ihm, dem Sohn Davids, fällt, eine solche Bitte zu stellen. Dementsprechend ist auch die Verwunderung der Frau: „Wieso begehrst du, der du ein Jude bist, von mir, die ich eine samaritische Frau bin, zu trinken?" Kann wirklich der Durst größer sein als der männliche Judenstolz? Der Frau scheint es schwerzufallen, dies zu glauben. Und doch lehnt sie die Bitte nicht einfach ab, sie will den Grund wissen.
Aus dieser Anfangsszene können wir lernen für den Umgang miteinander, für das Gespräch, auch zwischen Mann und Frau: Wie wichtig ist es, daß die Gesprächspartner wissen, wo die Probleme liegen, daß sie sie nicht vertuschen oder überspielen, sondern beim Namen nennen, zu fragen beginnen!
Jesus nun gibt der Frau keine direkte Antwort. Er sagt: „Wenn du wüßtest,

wer ich wirklich bin, dann würdest du mich bitten, und ich könnte dir lebendiges Wasser geben!" Doch seine Information geht ins Leere. Die Frau bleibt beim Konkreten: Woher Wasser nehmen ohne ein Gefäß, das nun einmal sie besitzt und nicht er? Und sie fragt ihn: Wie kommst du denn zu deinen volltönenden Worten? Woher nimmst du lebendiges Wasser? – Kurz: Wer bist du eigentlich? Und Jesus antwortet schlicht: Wer von meinem Wasser trinkt, wird nie wieder durstig.
Sie muß zugeben, das ist ein Angebot: Wasser, nach dessen Genuß man nie wieder durstig wird. Nie wieder den heißen, sandigen Staubweg zum Brunnen gehen müssen. Nie wieder den Krug auf dem Scheitel balancieren müssen. Das wäre etwas für sie.
Bei soviel Konkretheit fühlt sich auch Jesus gezwungen, konkret zu werden und damit indiskret. Wer konnte sie schon sein, wenn sie in der Mittagshitze Wasser holen kam? Wer legt schon allein in der Mittagshitze die Entfernung zum Brunnen zurück, wenn er es doch in der Abendkühle in der Gemeinschaft anderer Frauen plaudernd tun könnte? Daß also mit ihr etwas nicht stimmen könnte, wußte jeder, der sie hier um diese Zeit allein antraf.
Doch Jesus verachtet sie nicht, er bleibt weiter mit ihr im Gespräch und zeigt ihr dadurch, daß er sie und ihre Probleme ernst nimmt: „Geh hin, rufe deinen Mann und komm hierher!" – Da hat er also genau den wunden Punkt in ihrem Leben getroffen. Sie war in der Tat nicht verheiratet. Fünfmal hat sie es versucht. Der sechste war wohl nicht mehr zur Ehe bereit. Welch ein Frauenschicksal! Nun erst ist die Frau betroffen. Nun erst scheint sie Jesus zu verstehen. Denn dieser Mann hat anscheinend eine Antenne für sie. Er macht ihr klar: Lebendiges Wasser kann doch nur in dir sprudeln, wenn du beiseite räumst, was bisher die Quelle verstopft, was dich blockiert hat Komm, sprich darüber, das tut dir gut. Ein guter Trunk netzt nicht nur die Kehle, sondern schwemmt den Staub von der Seele.
Die Frau erkennt, daß sie viel erlebt hat mit den Menschen und der Welt. Aber sie sucht immer noch nach der Erfüllung – sie dürstet nach einem besseren Leben.
Der heilige Augustinus sagt nach einem ausschweifenden Leben: „Unruhig ist unser Herz, bis es ruht in dir, o Gott." Dies trifft auch für unsere Frau am Brunnen zu und sicher auch für jeden von uns. Denn steht nicht auch hinter unserem Suchen nach einem besseren und schöneren Leben letztlich die Suche nach dem Sinn des Lebens – und somit nach Gott? Er ist derjenige, der unseren Lebenskrug anfüllen kann. Wir sollten ihn in unser Leben aufnehmen – wie der Krug das Wasser.
Gefährlich ist es allerdings, wenn einer wie ein Dürstender die Geschichte

vom Jakobsbrunnen hört und sich sagen muß: Meinen Durst hat Jesus nicht gestillt. Ich habe ihn einmal aus ganzem Herzen um das wahre Leben gebeten. Er hat es mir nicht geben können. Ich habe in meinem Leben nur Enttäuschung und Niederlagen erlebt. Oder: Ich war einmal ein begeisterter Christ, aber das alles ist vorbei! Wer so reden muß, ist in großer Gefahr. Von der Enttäuschung zur Verzweiflung ist es nämlich nicht weit. Hier ist Hilfe notwendig, Hilfe für einen Verdurstenden. Hier sind wir aufgerufen, in der Nachfolge Jesu selbst zu lebendigem Wasser zu werden.
Ohne Wasser ist die Erde Wüste ... Ohne Wasser Durst, also Trauer, Unfriede, Krankheit. Wasser ist das weibliche befruchtende Element: Die männliche Kraft in der Erde bedarf des Wassers, um kraftvoll zu sein ..., so schreibt ein indischer Dichter. Wasser – also ein Symbol für das Leben und seit alters her ein Symbol für die Frau, die sich besonders dem Leben verpflichtet weiß.
Könnte dies nicht ein Anruf an uns Frauen sein, besonders dort, wo sich schon in diesem Leben Todessituationen zeigen, im Namen Jesu lebendiges Wasser – lebendige Quelle zu sein und so Leben zu ermöglichen, z. B.: nicht mitmachen bei übler Nachrede und Verleumdung, seine Macht in der Familie, in der Arbeitswelt, in der Politik nicht mißbrauchen, auf Vorteile verzichten, gegen Unrecht und Willkür eintreten, mit Enttäuschten und Verzweifelten reden?
Vorurteilslos begegnet Jesus der Samariterin. Sie ist eine Entrechtete ihrer Zeit. So müssen auch wir uns zum Anwalt der Verachteten und An-den-Rand-Gedrängten machen. Dies wird nicht immer leicht sein. Doch um an die Quelle zu kommen, müssen wir gegen den Strom schwimmen.

Liedruf: GL 211: Gott redet, und Quellen springen auf

Tauferneuerung

(Die Osterkerze wird angezündet und davon ausgehend die Kerzen der Gottesdienstteilnehmer/innen.)

Leiter/in: Als Kind wurden wir getauft, Paten und Eltern haben stellvertretend für uns ja gesagt. Wir wurden aufgenommen in die Gemeinschaft derer, die von Jesus Christus her leben wollen.
Ihr wißt, daß ihr auf das Leben und den Tod Jesu Christi getauft seid und damit Anteil habt an seiner Auferstehung. Deshalb frage ich euch: Widersagt ihr der Kultur des Todes, um als Kinder des Lichtes leben zu können?

Alle: Wir widersagen.

Leiter/in: Widersagt ihr den tödlichen Verlockungen der Eigensucht, des Habenwollens und der Vorherrschaft über andere?
Alle: Wir widersagen.
Leiter/in: Widersagt ihr dem tödlichen Wahn, die Welt selber machen zu können ohne Gott?
Alle: Wir widersagen.
Leiter/in: Glaubt ihr, daß Gott, der das lebendige Wasser ist, heute noch Wege voll Hoffnung zeigt?
Alle: Wir glauben.
Leiter/in: Glaubt ihr, daß Tod und Auferstehung Jesu Christi der wahre Weg im Leben ist?
Alle: Wir glauben.
Leiter/in: Glaubt ihr, daß ihr gerufen seid, Jesu Tod und Auferstehung weiterzusagen und mit eurem Leben zu bezeugen?
Alle: Wir glauben.
Leiter/in: Glaubt ihr, daß alle Menschen und die ganze Erde zum ewigen Friedensfest eingeladen sind?
Alle: Wir glauben.
Leiter/in: Der gute Gott begleite uns auf unserem Weg des Glaubens aus Jesus Christus. Dazu verhelfe uns Jesus Christus, den wir heute besingen und feiern als das Wasser, das uns Leben schenkt, jetzt und allezeit.
Alle: Amen. So soll es sein.

Zur Austeilung des Weihwassers: GL 424, 1: Asperges me
oder: GL 190, 2: Ps 51

Fürbitten

Himmlischer Vater, du hast uns geschaffen, und was wir zum Leben brauchen, kommt von dir. Wir bitten dich, gib uns immer das Wasser des Lebens:

– Für Wasser gibt es keine Alternative; es gehört zu den wichtigsten Nährstoffen aller Lebewesen. Hilf uns, daß wir Menschen in den Industrieländern lernen, mit dem Wasser verantwortungsvoll umzugehen.
  Wir bitten dich, erhöre uns.
– Wasser reinigt und heilt! Viele Menschen in der Dritten Welt haben großen Mangel am notwendigsten Wasser, sie leiden oft unsagbaren Durst und werden von schlimmen Krankheiten befallen. Laß uns Menschen im Wohlstand erkennen, wie durch wirtschaftliche und soziale

Maßnahmen Abhilfe geschaffen werden kann. Öffne auch uns Herz und Hand für diese Not.
Wir bitten dich, erhöre uns.

- Wasser ist Symbol unseres Lebens in der Kirche. Im Wasser der Taufe wurden wir zu Kindern Gottes, zu Schwestern und Brüdern Jesu Christi. Hilf, daß alle Getauften sich dieser großen Gnade bewußt werden, ihr Leben danach gestalten und am Leben der Kirche teilnehmen.
  Wir bitten dich, erhöre uns.

Herr Jesus Christus, laß uns immer mit dir verbunden bleiben, damit die Wasser ewigen Lebens, von denen du zur Samariterin gesprochen hast, uns durchdringen und uns reif werden lassen für das Reich Gottes.

Die Gabe des Wassers

Wir haben in der Gemeinde unseren Glauben bekannt. Wir wollen dies nun auch ganz persönlich sichtbar machen und nach vorne kommen, unsere Hand in die dargereichte Schale mit Weihwasser tauchen und uns mit dem Kreuz bezeichnen mit den Worten: „Christus – das Wasser des Lebens."

(Frauen reichen das Wasser.)

Lied: GL 289, 1– 2: Herr, deine Güt ist unbegrenzt

Vaterunser

Friedensgruß

Wir wollen den Frieden, den uns der auferstandene Jesus geschenkt hat, weitergeben, indem wir unseren Nachbarn die Hand reichen und sagen: „Der Friede sei mit dir."

Meditation

Im Strom der Zeit.
Ich blicke in das dunkle Wasser
und suche vergebens mein Bild.
Ich erkenne mich nicht.
Zu flüchtig ist das Leben.
Mein Lachen verweht der Wind,

meine Worte sind nicht von Dauer,
Menschen eilen vorbei,
ehe ich ihre Gegenwart bemerke.
Das Fest geht zu Ende, ehe es begonnen hat.
Und plötzlich begreife ich das Gleichnis des Wassers:
Wer festhalten will, verliert sich.
Wer losläßt, findet das Leben.

Wolfgang Poeplau

Schlußgebet

Herr Jesus Christus, wir vertrauen auf das, was du uns verheißen hast: „Wer aber von dem Wasser trinkt, das ich ihm gebe, wird niemals mehr Durst haben. Vielmehr wird das Wasser, das ich ihm gebe, in ihm zur sprudelnden Quelle werden, deren Wasser ewiges Leben schenkt." Für dieses hoffnungsvolle Wort danken wir dir.

Segensbitte: GL 370, 5: Der Herr segne und behüte uns

Schlußlied: GL 635, 1–3: Ich bin getauft und Gott geweiht

V. Der marianische Ansatz

Darstellung

Das Nachdenken über Maria nimmt einen breiten Raum im neuen theologischen Nachdenken der Frauen ein.
Nachdem die Marienverehrung Ende der sechziger und siebziger Jahre immer mehr im Rückzug war, dachten feministische Theologinnen verstärkt über Maria nach. Langsam, aber allmählich wurden neue Türen geöffnet. So können wir heute sagen, daß die Neuentdeckung Marias durch die Feministinnen der Marienverehrung in der Kirche einen neuen Aufschwung gegeben hat.
Unterstützt wurde dieses Nachdenken durch männliche Theologen wie Eugen Drewermann, Karl Rahner, Leonardo Boff und Andrew Greely. Allerdings gehen die neuen Suchbewegungen nicht mehr unbedingt in die herkömmliche Richtung, sondern wirbeln mitunter provokativen Staub auf.[1]
Einige Frauen lehnen Marienverehrung ab. Sie sagen, daß sie mit Maria nichts anfangen können. Sie sei im Christentum nur dazu benutzt worden, die Frauen zu unterdrücken. Sicher ist auch in diesem Ansatz Wahrheit enthalten, doch ich denke, er bringt uns nicht weiter. Wir sollten die Chance sehen, die uns mit dieser Frau für das Christentum geschenkt wurde, und uns von den neuen Denkansätzen von Frauen anregen lassen, tiefer über Maria nachzudenken. „Wer sich, aufs neue von der Gestalt gefesselt, in ihr Bild vertieft, gerät bald, ob der Vielfalt von Bildern, die dann zum Vorschein kommen, in Verlegenheit."[2]
Von dieser Vielfalt der Bilder möchte ich nur einige näher beschreiben, und zwar die, die uns auch in unserer Gruppe bereichert und weitergebracht haben.
Im ersten Ansatz neuen theologischen Denkens von Frauen wird ausgesprochen, was Frauen sicher mit der Verehrung Mariens schon jahrhundertelang empfunden haben, nämlich daß damit die Würde der Frau geachtet und geehrt wird. Heute sprechen wir von Maria als Symbol für den Selbstwert der Frau. Das Einzigartige an Maria ist die Haltung des Hörens auf das Wort Gottes. Sie gibt, frei und aktiv, ihr Jawort als autonome (unabhängige) Person, die in gläubiger Empfänglichkeit für das Heil Gottes offen ist und darauf antwortet.[3] Die Jungfrau wird zum Symbol für die Unabhängigkeit der Frau, die ihren Wert nicht vom Mann herleitet, die kein abgeleitetes Leben führt und ganz allein mit Gott in Beziehung treten kann.[4]

In der Lehre von der unbefleckt empfangenen Maria sehen viele Feministinnen eine Absage an den Mythos vom weiblichen Bösen, wie es in der Gestalt der Eva auftritt.
Immer mehr Aufmerksamkeit findet auch die Lehre von der Aufnahme Marias in den Himmel. So kommen feministische Theologinnen zu der Aussage: „Mit Maria ist eine Frau so nahe bei Gott, wie es kein Mann ist." Mit ihr wird das Weibliche erhöht und die Ganzheit von Himmel und Erde vorweggenommen. Insgesamt wird sie als Frau verstanden, die durch ihren Glauben allen Menschen Heil ermöglicht. So entwickeln Theologinnen auch Sympathie für die Aussagen von der Gnadenmittlerschaft und der Miterlöserschaft Mariens. In ihnen zeigt sich die grundlegende Gleichheit von Mann und Frau in der Heilsgeschichte.[5] Maria wird so zum Zeichen neuer befreiter Menschlichkeit.
Somit sind wir ganz in der Nähe der „Befreiungsmariologie". Im Mittelpunkt dieses Denkens steht das Magnificat. Es ist eine radikale Parteinahme für die Armen, Entrechteten, Stimmlosen und Eingeschränkten und (sowohl ökonomisch und politisch als auch psychologisch) Unterdrückten.[6] Die Botschaft Jesu gilt besonders allen an den Rand Gedrängten.
Wir dürfen mit Sicherheit annehmen, daß die Frauen zu diesen gehörten. So nimmt die Botschaft Jesu zuerst Gestalt an in einer Frau, die die unterdrückte Gemeinschaft repräsentiert. Maria, das Bild der Kirche in weiblicher Gestalt, stellt Gottes Option (Parteinahme) für die Armen und Entrechteten dar.[7]
Der wohl aufsehenerregendste neue Ansatz ist der, der Maria als die weibliche Dimension Gottes darstellt. Beeinflußt wurde dieser Aspekt zunächst von der Göttinnen- und Matriarchatsforschung, die feststellte, daß Maria viele Züge der Großen Mutter des Matriarchats trägt. Maria in der katholischen Kirche sei nur noch das, was von der Großen Göttin im Patriarchat gerettet werden konnte.[8]
Herausgefordert durch solche Aussagen, begann ein neues Nachdenken über Maria in diesem Zusammenhang. Christliche Theologen/Theologinnen stimmen mit den Frauen der Göttinnenbewegung überein, daß es eine Sehnsucht der Menschen nach einer göttlichen Frau im Himmel gibt und daß Maria tatsächlich ein Teil jener Tradition weiblicher Gottheiten ist, weil sie wie ihre Vorgängerinnen die weibliche Dimension Gottes offenbart. Wir können auch sagen: Durch Maria lernen wir etwas von den weiblichen Zügen, den weiblichen Seiten und Eigenschaften Gottes kennen. Wir gehen also zu Maria, um etwas über Gott zu lernen.[9]
Mut dazu macht uns auch Karl Rahner in einer seiner letzten Schriften: „Wenn jemand sagen wollte (wie man tatsächlich oft gesagt hat), daß in

der Marienverehrung der Kult von Muttergottheiten der vorchristlichen Religionen weitergewirkt hat, so sollte man das richtig besehen gar nicht als Vorwurf gegen die Marienverehrung lesen. So etwas beweist höchstens die doch herrliche Tatsache, daß das Christentum keine menschliche Dimension und Erfahrung in der Religiosität ausläßt, daß es keine Berührungsängste hat, nicht meint, die Erhabenheit seines gnadenhaften Gottesverhältnisses werde gefährdet, wenn der christliche Existenzvollzug irdisch, sinnlich, blutvoll wird und in ihm sich auch alles ausspricht, was zum Menschen gehört . . .[10]

Eugen Drewermann bemerkt dazu, daß auch die Religionsgeschichte Wahrheitszeugnis sein könnte. Gerade an der Mariologie (Lehre über Maria) könnte die katholische Kirche erkennen, so meint Eugen Drewermann, daß auch die Religionsgeschichte als Wahrheitszeugnis anerkannt werden müßte. Das Wahrheitsprinzip müßte dann heißen: „Was die Menschen aller Zeiten und Zonen geglaubt haben und was, unabhängig voneinander, in der Religionsgeschichte immer wieder für wahr gehalten wird und wurde, besitzt in sich den Anspruch göttlicher Wahrheit . . . Die Mariologie als Lehre von der göttlichen Mutter bzw. von der Mutter Gottes als Ursprung allen Lebens zählt in der Tat religionsgeschichtlich in allen Einzelheiten zu den ältesten religiösen Anschauungen der Menschheit."[11]

Deshalb sollte die Kirche die fremden und alten Religionen nicht als Gegner und Konkurrent ansehen, sondern als Bestätigung für die Menschlichkeit und Wahrheit ihrer Lehren.[12]

Weil aber Gott den Menschen ernst nimmt in seiner Menschlichkeit und den Vorstellungen, die ihm lieb und teuer sind, spricht er in die Erfahrungswelt der Menschen seine Botschaft von Jesus Christus, dem Messias. So wirft die Botschaft von Jesus Christus und seiner Mutter auf die alten Bilder und Symbole ein neues, unbestechliches Licht.[13]

Folgende Gesichtspunkte, die die Weiblichkeit Gottes durch Maria offenbaren, wurden besonders herausgearbeitet: die Mutter, die Jungfrau, die Gemahlin, die reine Magd, die Himmelskönigin.[14]

Sind wir im letztbeschriebenen Ansatz sehr weit zurückgegangen bis in vorchristliche Zeit, so weist uns Elisabeth Gössmann darauf hin, daß wir in der Mariologie nicht die Aussagen des Mittelalters und der Renaissance vergessen sollten. Auch in dieser Zeit gibt es bemerkenswerte Aussagen über Maria. Sie stammen zum größten Teil von Frauen, wie z.B. von Hildegard von Bingen und Mechthild von Magdeburg.[15]

Anmerkungen

1 Vgl. Beinert, Wolfgang: Unsere liebe Frau und die Frauen, Freiburg-Basel-Wien 1989, S. 123.
Mulack, Christa: Maria – die geheime Göttin im Christentum, Stuttgart 1985, S. 9–13.
Halkes, Catharina: Eine „andere" Maria . . ., in: Wenn Frauen ans Wort kommen. Stimmen zur feministischen Theologie, hrsg von: Halkes, Catharina, Hamburg 1987, S. 105.
Thiele, Johannes: Die andere Maria, in: ders: Die andere Maria, neue Zugänge, Freiburg i.Br. 1987, S. 14.

2 Vgl. Beinert, Wolfgang: a.a.O., S. 126 f.
Halkes, Catharina: Gott hat nicht nur starke Söhne, a.a.O., S. 90.

3 Vgl. Halkes, Catharina: Suchen, was verlorenging, a.a.O., S. 90.
Halkes, Catharina: Gott hat nicht nur starke Söhne, a.a.O., S. 110.

4 Vgl. Mulack, Christa: a.a.O., S. 67–69.
Halkes, Catharina: Eine „andere" Maria, a.a.O., S. 109.

5 Vgl. Beinert, Wolfgang: a.a.O., S. 128 ff.
Halkes, Catharina: Gott hat nicht nur starke Söhne, a.a.O., S. 94 f.
Ruether, Rosemary: Sexismus und die Rede von Gott, a.a.O., S. 188.
Ruether, Rosemary: Maria – Kirche in weiblicher Gestalt, München 1980, S. 14, 69.

6 Vgl. Halkes, Catharina: Gott hat nicht nur starke Söhne, a.a.O., S. 113.

7 Vgl. Halkes, Catharina: Gott hat nicht nur starke Söhne, a.a.O., S. 113 und 118.
Dies.: Suchen, was verlorenging, a.a.O., S. 87 f.
Ruether, Rosemary: Maria – Kirche in weiblicher Gestalt, a.a.O., S. 89 f.
Dies.: Sexismus und die Rede von Gott, a.a.O., S. 190–192.

8 Vgl. Rüttner-Cova, Sonja: Frau Holle, die gestürzte Göttin, a.a.O.

9 Vgl. Boff, Leonardo: Das mütterliche Antlitz Gottes, Düsseldorf 1985.
Greely, Andrew: Maria – über die weibliche Dimension Gottes, Graz-Wien-Köln 1979, S. 9–29.
Halkes, Catharina: Gott hat nicht nur starke Söhne, a.a.O., S. 117 f.
Mulack, Christa: a.a.O., S. 7–14.

10 Rahner, Karl/Dirks, Marianne: Für eine neue Liebe zu Maria, Freiburg i. Br. 1984, S. 14 f.

11 Vgl. Drewermann, Eugen: Die Frage nach Maria im religionswissenschaftlichen Horizont. Die scheinbare „Grundlosigkeit" der Mariologie, in: Zeitschrift für Missions- und Religionswissenschaft, 66. Jahrgang, 1982, S. 98 f.

12 Vgl. ders.: a.a.O., S. 105.

13 Vgl. Baudler, Georg: Maria, Jungfrau und Mutter. Mariensymbole als Impulse zu befreiter Menschlichkeit, in: Zeitschrift für die Praxis des Religionsunterrichts, 11. Jahrgang, 3/1981, S. 111.

14 Vgl. Greely, Andrew: a.a.O., S. 123–229.
Mulack, Christa: a.a.O., S. 31–238.

15 Vgl. Maria – für alle Frauen oder über allen Frauen?, hrsg. von Gössmann, Elisabeth und Bauer, Diether R., Freiburg i. Br. 1989, S. 63–145.

Maria – Hoffnung in dunkler Zeit

Vorbemerkung

Der Gottesdienst wird am 4. Adventssonntag gefeiert. Maria wird hier besonders als Jungfrau betrachtet, verbunden mit Gesichtspunkten der „Befreiungsmariologie".
Als Geschenk bekommen alle am Ende des Gottesdienstes ein Marienbildchen. (Diese können bei verschiedenen Verlagen bestellt werden.)

Eingangslied: GL 118: Hebet, Tore, eure Häupter

Begrüßung / Eröffnung

1. Sprecherin: Unsere Eucharistiefeier am 4. Adventssonntag halten wir miteinander unter dem Thema „Maria – Hoffnung im Glauben in dunkler Zeit".
In Maria ist wie in einem Brennpunkt alles Warten, Sehnen und Rufen der Menschen nach Heil und Frieden – nach Gott – gesammelt. Sie führt uns als adventlicher Mensch in das Geheimnis der Geburt ihres göttlichen Sohnes, in die heilige Weihnacht, an deren Tor wir heute ganz nahe stehen.
Wir bekennen unsere Schuld und bitten Gott um Erbarmen.

Kyrie: GL 103

Tau aus Himmelshöhn . . .
– Jesus, Kind der Jungfrau Maria:
  Herr, erbarme dich.
Licht, das die Nacht erhellt . . .
– Jesus, mit Maria heimatlos:
  Christus, erbarme dich.
Komm vom Himmelsthron . . .
– Jesus, nach dem Tod am Kreuz
  zurückgelegt in den Schoß deiner Mutter:
  Herr, erbarme dich.

Tagesgebet: Meßbuch II, Seite 35

Einführung zur Lesung und zum Evangelium

2. Sprecherin: Lesung und Evangelium weisen uns auf das Zeichen der Hoffnung für unser Heil hin, das uns gegeben ist in der Jungfrau und ihrem Kind.

Lesung: Jes 7, 10–14

Zwischengesang: GL 119, 7: Siehe, die Jungfrau wird empfangen

Evangelium: Lk 1, 26–38

Besinnung

3. Sprecherin: Liebe Mitchristen und Mitchristinnen!
Wir schreiben das Jahr 730 vor Christi Geburt. Es ist eine dunkle Zeit, eine Zeit großer Not für das Volk Israel.
Der König von Jerusalem, Ahas, rüstet auf. Er ist von zwei Seiten bedrängt. Der Assyrerkönig ist im Anmarsch. Der König von Damaskus und der König des Nordreiches Israel planen eine Allianz gegen den König von Assur. Doch Ahas verweigert den Beitritt aus politischen Erwägungen. Schon ziehen die Truppen der antiassyrischen Front vor die Tore Jerusalems. Der König besichtigt die Befestigungsanlagen. Da tritt ihm an den lebenswichtigen Wasserleitungen der Prophet entgegen. Er bietet dem König ein Zeichen an: „König, siehst du die schwangere Frau? Da ist Leben drin. Ursprüngliches Leben. Der Schutz noch nicht in die eigene Hand genommen. Was bleibt der Frau in dieser Zeit, wo der Feind kommt, als wehrlos auszuharren und an eine heilsame Zukunft zu glauben? ‚Immanuel' seh' ich auf ihren Leib geschrieben: Gott mit uns! Gott mit ihr in ihrer Wehrlosigkeit!"
Doch der König, starr, waffenstarrend, läßt sich nicht bewegen, im Vertrauen auf Gott standzuhalten. Er vertraut weiter auf seine Politik und seine Waffen. Und noch ein zweites Mal spricht Jesaja von dem Kind und seiner Geburt: „Das Volk, das im Dunkel lebt, sieht ein helles Licht; über denen, die im Land der Finsternis wohnen, leuchtet ein Licht auf . . . Denn uns wurde ein Kind geboren, ein Sohn wurde uns geschenkt . . . Und sein Name wird sein: Wunderbarer Ratgeber, Starker Gott, Vater in Ewigkeit

und Friedensfürst. Seine Herrschaft ist groß und der Friede hat kein Ende" (Jes 9, 1. 5–6).
Deutlich steht im Hintergrund dieses Liedes die politische Ausweglosigkeit, die Übermacht der assyrischen Besatzung; Not, Finsternis, beängstigendes Dunkel liegt über dem Land. Das Gotteswort im Prophetenmund bleibt jedoch zunächst offen. Aber in der Geschichte und im Glauben der Menschen sehen wir, was Gott uns geben will. Das Wort Jesajas steht in der prophetischen Geschichte der Heilserwartung Israels, in der die Frau zum Zeichen der Hoffnung, zum Symbol des Lebens wird: „Der Herr sprach zur Schlange: Feindschaft will ich setzen zwischen dir und der Frau, zwischen deinem Sproß und ihrem Sproß. Er wird dir den Kopf zermalmen, und du wirst ihn an der Ferse treffen" (Gen 3, 15).
Denken wir auch an die biblischen Geschichten von Ester und Judit. Hier wird erzählt, wie das Volk in höchster Not von Frauen gerettet wird. So wuchs langsam in Israel der Glaube: Mit dem Auftreten einer Frau wird das Heil angekündigt werden, und eine neue Zeit wird anbrechen. Die Jungfrau, die den Erlöser zur Welt bringen wird, die starke Frau, deren Nachkomme dem Widersacher das Haupt zertritt, war durch Jahrhunderte in Israel das große Zeichen der Verheißung. Wir dürfen annehmen, daß Maria diese Hoffnung Israels in intensiver Weise mitlebte.
Von der Jungfrau, der jungen Frau mit dem Kind, erzählen die Religionen. In Ugarit, einem Staat im Vorderen Orient, einem Nachbarstaat Israels, vor kurzem erst wieder ausgegraben, fand man eine Tonscherbe mit der Aufschrift: „Siehe, das Mädchen wird empfangen einen Sohn." Und Vergil, ein römischer Dichter, fast ein Zeitgenosse Jesu, schreibt in einem Gedicht: „Endzeit ist schon da, ... schon kehrt wieder die Jungfrau, ... schon wird neu ein Sproß entsandt aus himmlischen Höhen."
Diese Beispiele ließen sich fortsetzen über Ägypten, Buddha bis hin zu chinesischen Märchen.
Sicher werden Sie jetzt sagen: „Das ist ja alles sehr interessant, aber was hat das mit meinem Glauben, mit meinem Alltag zu tun?" Wenn die Religionen der Völker davon erzählen, dann wollen sie uns auch etwas sagen und uns helfen, unser Leben mit dieser Aussage zu meistern.
Im Bild der Jungfrau ist die Erfahrung festgehalten, daß die Frau einen starken Einfluß auf die Entfaltung und Umwandlung der Persönlichkeit des Mannes ausüben kann. Zudem ist es eine bedeutende Lebenserfahrung der Geschlechter, daß der positive Einfluß des weiblichen Geschlechts zum größten Teil außerhalb der körperlichen Liebe zwischen Mann und Frau sich vollzieht. Ist es nicht eine einfache Erfahrung aus dem alltäglichen Leben, daß Männer in einer Gesellschaft ihre Sprache, ihre Unterhaltung ändern, sich rücksichtsvoller verhalten, wenn eine Frau

in ihre Mitte tritt? Wegen dieser verwandelnden und erneuernden Kraft sprechen die Religionen von der Jungfrau.
Und was fällt uns ein, wenn wir an ein Kind denken? Zunächst denken wir an Schwachheit und Schutzlosigkeit, aber auch an Hoffnung auf die Zukunft; denn ein Kind hat ja das Leben noch vor sich. Das Kind schaut auf und ist voll freudiger Erwartung. Es hat noch viele ungeahnte Möglichkeiten vor sich. Das Kind ist zuallererst Empfangendes und Beschenktes.
Ein kleines, schutzloses Kind, geboren von einer Jungfrau – Hoffnung auf Erlösung und Zeichen der Zuwendung Gottes für die Völker! Israel bezeugt damit die Zuwendung Jahwes; wir Christen sehen diesen Glauben und dieses Zeugnis in der Person Jesu, dem Kind der Jungfrau Maria, erfüllt. „Siehe, die Jungfrau wird empfangen und einen Sohn gebären", gesprochen vom Propheten in dunkler Zeit; und wieder in dunkler Zeit für dieses Volk, nämlich in der römischen Besatzungszeit, bringt Maria den ersehnten Retter, den Heiland, zur Welt.
Müssen wir uns jetzt nicht fragen: Was erwartet Gott von uns, wenn wir auf die Jungfrau und ihr Kind blicken? Wie sieht es in unserer Zeit aus? Wir können eine heile Welt um uns errichten, doch wir wissen genau: Zerstörerische Kräfte sind am Werk. Die Menschenwürde wird mit Füßen getreten. Es herrscht die Sucht, den anderen schlecht zu machen; Vertrauen wird untergraben. Dies ist in letzter Zeit leider oft in der politischen Landschaft zu beklagen. Oder: Der Friede ist immer an irgendeiner Ecke der Welt gefährdet. Liebe ist zum Schlagwort geworden, ihres eigentlichen Inhalts beraubt. Sie wird oft zum egoistischen Zweck für sich selbst – der andere wird zum nützlichen Objekt, um ihn dann in einer Leere und Sinnlosigkeit zurückzulassen. Diese Erscheinungen zeigen sich in den ständigen Negationsmeldungen der Medien jeder Art und im Um-sich-Greifen von Gewalt und Terror. Oder: Denken wir nur daran, wie durch Videofilme vorgeführte Gewalt und sadistischer Sex in junge Herzen einziehen können.
Trifft es uns da nicht wie ein Alarmruf, wenn wir hören: Gott wird Mensch? Gott ist ein Kind der Jungfrau Maria geworden! Dies zeigt uns, daß trotz allen Dunkels die göttliche Liebe am Werk ist, um unser angeschlagenes und beladenes Leben in dieser Welt zu verwandeln und neu zu machen. Es lehrt uns, aufzuschauen zu den Menschen wie ein Kind; doch wir schauen oft auf den Menschen herab. Der Blick auf das Kind könnte uns ermutigen, wieder zu erwarten. Auf uns wartet noch vieles, manches kann wachsen und reifen und auf die Zukunft hoffen.
Maria, die erneuernde Jungfrau und Mutter voll der Gnade, ist die Hoffnung dafür, daß Neuwerden in unserem Leben jederzeit beginnen kann,

genauso wie die Menschheit neu begonnen hat, als Jesus in die Welt kam. Wenn wir Maria würdig verehren, können wir gewiß sein, daß sie unser Neuwerden, unsere Verwandlung und unseren Neubeginn unterstützt, wo immer wir solche beängstigenden, aber faszinierenden und wunderbaren Erfahrungen im Leben machen. Sich zu verlieben oder eine alte Liebe neu zu beleben, das mag z.B. eine solche Erfahrung sein. In ihrem Zueinander und Füreinander erleben Mann und Frau die Seligkeit der Erlösung, wenn sie alle Möglichkeiten ausschöpfen, füreinander ein Abbild der Liebe Gottes zu werden und sich gegenseitig die Erfahrung der Nähe Gottes zu schenken.
Im Magnificat zeigt uns Maria, wie das Reich des Kindes aussehen wird: Die Welt wird neu, Beladene und Unterdrückte werden leben, die Mächtigen entmachtet; es ist möglich, daß wir neu anfangen. Dieses Lied hat soviel Sprengkraft, daß es unter der Militärdiktatur Chiles von der staatlichen Zensur für marianische Feiern verboten wurde. Es gilt als gefährlich, denn wenn ein Volk immer wieder dieses Lied singt, dann ändert sich das Bewußtsein der Menschen. Dann bleiben sie nicht mehr willenlos staatlicher Willkür und Ausbeutung ausgeliefert. Dann schwindet die Angst. „Es geht darum, daß wir unseren Weg gehen ohne Angst" – vielleicht können wir das auch für unser Leben von den lateinamerikanischen Völkern lernen.
Maria führt die Menschen zu dem Kind, das anfängt, die Verheißungen wahrzumachen: ein schwaches Kind, das uns stark macht, ein armes Kind, das uns reich macht, ein Sklavenkind, das uns frei macht! Gott ist es, der in diesem Kind am Werk seiner Neuschöpfung beginnt, seine ursprüngliche Schöpfung wiederherstellt. Amen.

Credo

2. Sprecherin: Unser Credo spricht von der Mutter Jesu:
Maria, das schönste Werk der Liebe Gottes

Gott, Schöpfer des Lebens,
das schönste Werk deiner Liebe
ist die Mutter deines Sohnes,
Maria, das reinste Bild
und der klare Spiegel
deiner schönen Liebe.
Wir lieben sie wie eine gute Mutter,
als Stern unserer Hoffnung,
als Vorbild unseres Glaubens,
als den Weg unserer Liebe.

Unser Vater, wir danken dir,
daß wir etwas erfahren durften
von deiner mütterlichen Liebe
im Bild der Mutter deines Sohnes.
Wir danken dir,
daß wir Maria nennen dürfen:
Ursache unserer Freude,
Mutter deines Sohnes Jesus Christus,
Gottesgebärerin,
Jungfrau und Mutter.

Peter Siegmund

Bittgebet

Das II. Vatikanische Konzil nennt Maria „Zeichen der sicheren Hoffnung und des Trostes für das wandernde Gottesvolk“. Da sie für uns eintreten kann, wenden wir uns vertrauensvoll an sie. In dieser Gesinnung wenden wir uns jetzt vertrauensvoll an sie in unseren Fürbitten.

– Für die Weltkirche: Die armen Völker, besonders Lateinamerikas und Afrikas, sehen in Maria ihre Mutter und nennen sie „Mutter der Armen“. Erbitte, Maria, daß alle Christen ihre Kräfte einsetzen, den Hunger dieser Völker zu stillen nach Gerechtigkeit, nach menschenwürdigem Dasein, nach Brot, auch dem geistlichen Brot des Wortes und der Eucharistie.
  Heilige Maria, bitte für uns.
– Für die ökumenische Bewegung: Maria hat in freiem Glauben und Gehorsam zum Heil der Menschen mitgewirkt. So steht sie an der Seite ihres göttlichen Sohnes, dem einzigen Mittler zwischen Gott und den Menschen. Dieses Denken eint alle christlichen Kirchen. Rufe mit uns, Maria, den Heiligen Geist auf die Christenheit herab, damit Einheit im Glauben und in der Liebe wachse.
  Heilige Maria, bitte für uns.
– Für alle Glieder unserer Gemeinde: Die Gnade Gottes befähigte Maria, in einzigartiger Weise das Charisma der Jungfrau zu leben, d.h., der ständigen Wachsamkeit und Bereitschaft, Gott zu empfangen, wann er kommt und wie er kommt. Wir bitten darum, fähig zu werden, die Treue Gottes in unserem Alltag zu erkennen und als Erlöste zu leben, die alle Möglichkeiten ausschöpfen, füreinander, gerade auch zwischen Mann und Frau, ein Abbild der Liebe Gottes zu werden.
  Heilige Maria, bitte für uns.

– Für unser Warten auf Weihnachten: Das Familiäre, das Kindliche des Weihnachtsfestes hat seine Berechtigung, doch sollte das große Geheimnis der Liebe Gottes durchscheinen können. Erbitte uns die Kraft, Maria, die heilige Stille dieser Nacht in uns hineinzulassen, damit wir die Nähe Gottes spüren und seine bergende Liebe erfahren beim Kind von Betlehem.
Heilige Maria, bitte für uns.

Maria begleitet uns nun durch die Feier ihres Sohnes, aus der wir neue Hoffnung schöpfen für unseren Dienst in dieser Welt.

Gabenbereitung: GL 110, 1–2: „Wachet auf", ruft uns die Stimme

Gabengebet: Meßbuch II, Seite 35

Präfation: Meßbuch II, Seite 362

Sanctus: GL 110, 3: Gloria sei dir gesungen
oder: GL 459: Heilig, heilig, heilig Gott

Agnus Dei: GL 111, 1: Die Nacht ist vorgedrungen

Kommunionvers: Jes 7, 14

Lied zur Kommunion: GL 583: Ave Maria zart
oder: GL 120, 2: Kommt, laßt uns danken unserm Herrn

Meditation

Wir grüßen dich, Maria,
Mutter unseres Herrn,
Mutter unseres Erlösers,
unsere Mutter!
Weil du Mutter bist
und nichts anderes als Mutter sein willst,
verstehst du uns,
können wir zu dir kommen,
du, unsere Fürsprecherin.

Du weißt, was uns fehlt.
Wir können nicht mehr lieben.
Du aber bist die große Liebende,
und deine Mutterliebe brauchen wir zum Leben.
Laß uns Liebe lernen, von dir geliebt.
Laß uns Jesus Christus nachfolgen,
deinem Sohn,
von ihm erlöst und geliebt.
Laß uns die Menschen erkennen,
die der Liebe entbehren,
und hingehen,
wo wir für andere da sein können.
Erbitte uns Liebe, damit das Leben
menschlicher wird.

Peter Siegmund

Schlußgebet: Meßbuch II, Seite 36

Schlußlied: GL 115, 4: Wir sagen euch an den lieben Advent

Maria – Himmelskönigin

Vorbemerkung

Zwei Dias nach freier Wahl, die Maria als Himmelskönigin zeigen, werden für diese Maiandacht benötigt.
Bei diesem Wortgottesdienst wirken auch Kinder mit: Sie bringen in einer Prozession Blumen zu Maria.

Eingangslied: GL 579, 1–2: Maria, Himmelskönigin

Einführung zum Thema

Liebe Mitchristen und Mitchristinnen!
Im Eingangslied haben wir Maria, die Himmelskönigin, besungen. Dieser Titel Marias begleitet uns durch die Andacht.
Maria, Königin des Himmels! Vielleicht werden einige von Ihnen sagen: „Mit dem Bild der Himmelskönigin kann ich nichts mehr anfangen. Wir leben im 20. Jahrhundert, in der Zeit der Demokratien. Königinnen spielen kaum noch eine Rolle in unserem Leben. Aus diesem Grund sollen wir Maria besser mit Titeln ehren, die nicht so pompös klingen, wie z.B. Mutter des Glaubens oder Schwester der Menschen."
Und doch, liebe Mitchristen und Mitchristinnen, glaube ich, daß der Titel Himmelskönigin für Maria für uns sehr wichtig ist. Königinnen gibt es auch in unserer Zeit. Als Elisabeth II. von England ihren 60. Geburtstag feierte, jubelten ihr trotz regnerischen Wetters und angedrohter Terroranschläge Tausende in den Straßen zu. Als ich noch in Mainz studierte, besuchte die Königin diese Stadt. Am Nachmittag sollte sie am Bahnhof ankommen. Kein Zug konnte mehr abfahren, und so mußte auch ich warten. Auf dem Bahnhofsplatz standen dichtgedrängt die Menschen. Auch ich konnte nicht widerstehen, mich dann doch noch irgendwo hinzustellen, um vielleicht für einen Augenblick die Königin zu sehen. Dann, als alles vorbei war, die Menschenmassen sich auflösten, hörte ich in der Bahnhofshalle eine Frau zu einer anderen sagen: „Ich bin jetzt ganz glücklich."
Es ist doch auffällig, daß überall, wo die englische Königin auftritt, Jubel und Freude sich ausbreiten. Besonders die Naturvölker in Afrika und Asien bieten alles auf, wenn sie kommt. In der Fernsehsendung zum 60. Geburtstag war zu sehen, wie in Nepal Menschen wochenlang zu Fuß gehen, nur um die Königin zu sehen. Was treibt diese Armen dazu, sol-

che Strapazen auf sich zu nehmen? Die Antwort auf diese Frage lautet meiner Meinung nach so: Die Königin verkörpert das Schöne, das Gute, den Traum vom menschlichen Glück, von Geborgenheit und Schutz. Sie ist die Herausragende, die über sich Hinausgewachsene, die Erhöhte.
Werfen wir noch kurz einen Blick auf die Welt der Märchen. Die Königin ist eine Frau, die ganz glücklich ist. Sie ist zur Fülle des Lebens gelangt. Die Königin ist reich und schön. Erst am Ende des Märchens gelangt sie zur Königswürde. Meistens muß die Frau eine Probe bestehen, durch Dunkelheiten, oft auch durch Armut und Erniedrigung gehen, bis sie Königin wird. Angesichts dieser Tatsache ist es nicht verwunderlich, daß es in den Religionen der Völker, besonders im Mittelmeerraum, durch Jahrtausende hindurch Muttergottheiten gab, die als Himmelskönigin verehrt wurden. Der Traum von der Herrschaft eines unendlichen, unvorstellbaren menschlichen Glücks kommt in der Verehrung der Himmelskönigin zum Ausdruck. Besonders in den Zeiten der Not wenden sich die Menschen an sie. Auch die israelitischen Stämme haben einst, bevor sie Jahwe allein verehrten, zu dieser Göttin gebetet. Und als es ihnen schlechtging, erinnerten sie sich an die Himmelskönigin. Dies berichtet uns der Prophet Jeremia.
Vor der Zerstörung Jerusalems flüchtete ein Teil der Bevölkerung nach Ägypten. Dort, auf ägyptischem Boden, inmitten des Flüchtlingselends, schrien die vor der Fortführung nach Babylon Geflüchteten dem Propheten Jeremia entgegen: „Das Wort, das du zu uns im Namen Jahwes geredet hast – wir hören nicht auf dich. Wir wollen vielmehr das Wort, das wir gegeben haben, der Himmelskönigin zu räuchern und ihr Trankopfer zu spenden, in seinem ganzen Umfang getreulich halten, gleichwie wir es getan haben, wir und unsere Väter und unsere Könige und unsere Oberen in den Städten Judas und auf den Gassen Jerusalems; da hatten wir Brot genug und befanden uns wohl und brauchten kein Unheil zu erleben. Seitdem wir aber aufhörten, der Himmelskönigin zu räuchern und ihr Trankopfer zu spenden, hatten wir Mangel an allem und wurden durch das Schwert und den Hunger aufgerieben“ (vgl. Jer 44, 16–18).
Maria, die Himmelskönigin der Christen, steht in der Tradition dieser Göttinnen. Sie ist die Helferin der Christenheit, die Erhöhte, das Zeichen, das den Menschen Hoffnung gibt.
In den Märchen müssen Frauen oft Armut und Erniedrigung bestehen, bis sie Königin werden. Jesus, der König des Himmels und der Erde, geht den Weg der Erniedrigung und Entäußerung und läßt sich ans Kreuz schlagen. Maria begleitet ihn auf seinem Weg. Weil sie diesen Weg der Erniedrigung und des Glaubens mit Jesus gegangen ist, erhält sie die Krone des Himmels, die Krone des Lebens. So darf sie am Königtum

ihres Sohnes teilnehmen. Dieses Königtum besteht jedoch nicht in äußerer Macht und Ehre, sondern es ist innen, im Herzen der Menschen – im Gutsein, in der Liebe, im Dienen verborgen. Wenn wir Maria, die Königin des Himmels, verehren, müssen wir versuchen, ihren Weg nachzugehen, um die Krone des Lebens zu erreichen.

Von Maria glauben wir, daß sie eine Frau ist, die bereits zur Fülle gelangt ist, zur Fülle des Lebens, zur Fülle des Glaubens, zur Vollendung in Jesus Christus, ihrem Sohn. Sie konnte mit Leib und Seele in die Herrlichkeit des Himmels eingehen, weil sie mit ihrer ganzen Hingabe, mit ihrer ganzen Liebe den Weg mit Jesus im Glauben gegangen ist. Wer Gott an sich heranläßt, gelangt immer zu mehr, als er sich selbst wünschen und erträumen kann. Und wer wünscht sich nicht unendliches Glück in Herrlichkeit?

Durch Maria, die Himmelskönigin, erfahren wir: An diesem Glück haben wir ganz Anteil, mit Leib und Seele. Was wesentlich zu uns gehört, unser Leib, bleibt nicht ausgeschlossen von der Herrlichkeit. Die Himmelskönigin vermittelt uns die Freude an unserem Leben, die Freude auch an den vergänglichen Dingen und Vorgängen. Ich kann mich dann gerade auch in ihrer jetzigen vergänglichen Gestalt daran freuen, weil ich die Gewißheit habe, daß alle schönen Dinge bleiben. Die vergänglichen Freuden sind kein Gegensatz zu den ewigen. Die vergänglichen irdischen Dinge und Vorgänge vermitteln mir die ewige, unverlierbare Schönheit und Herrlichkeit meines Schöpfers; und die Freude an der ewigen Seligkeit entschärft die Schrecken des unentrinnbaren Todes. Maria, die Himmelskönigin, wird so zum großen Zeichen der erlösten Schöpfung.

Gewiß bin ich durch die Ursünde, durch Habsucht und Haß immer gefährdet, abzustürzen und mich im Irdischen zu verlieren. Verzweiflung, Sucht, Vernichtung wären die Folgen solchen Absturzes. Ich muß ständig üben, daß ich „das Ewige mehr liebe als das Vergängliche“, und ich muß darum beten, daß mein Herz dort verankert bleibt, wo die ewigen Freuden sind bzw. ihren Ursprung haben. Die Verehrung der Himmelskönigin schließt diese Übung mit ein.

Dia 1: Christus krönt seine Mutter

Lied: Wunderschön prächtige
oder ein anderes Marienlied aus dem GL

Gebet: GL 783, 7, Teil 1

Lesung: Offb 12, 1. 5. 9–10

Lied: Wunderschön prächtige, 2. Str.

Gebet: GL 783, 7, Teil 2

Lesung: Eph 1, 18–20; 2, 4–6

Lied

Wir singen aus der Lauretanischen Litanei den Teil, der Maria als Königin preist: GL 769, 6: Du Königin der Engel

Gebet

Maria, du Königin, aufgenommen in den Himmel,
du Zeichen ewigen Menschseins.
An dir zeigt uns Gott,
was die Auferweckung Jesu
für alle Menschen bedeutet.
Nichts geht verloren von dem,
was ich in meinem körperlichen Dasein gelebt
und erlebt habe.

Ich – all das, was mich ausmacht,
was „eigentlich“ zu mir gehört –,
werde nicht in Verwesung enden.
Der Tod hat keinen Stachel mehr.
Und was ich als Verwesung sehe,
ist ein Geschehen des Lebens, nicht des Todes.
Was meine unerlösten Augen noch sehen
als Leben und als Tod,
das wird eins – im ewigen Leben.
Du Königin,
aufgenommen in den Himmel,
bitte für mich!

Elmar Gruber

Lied: GL 588, 1. 3: Sagt an, wer ist doch diese

(Während dieses Liedes ziehen die Kinder in einer Prozession mit Kerzen und Blumen zur Mutter Gottes, zum Maialtar. Blumen und Kerzen sollen am Bankende bereitstehen.)

Dia 2: Maria, Königin des Friedens

Rosenkranzgebet

Wir beten zur Königin des Friedens mit dem fünften Gesätz des Rosenkranzes „Der dich, o Jungfrau, im Himmel gekrönt hat":
GL 2, 4: Vater unser . . .
GL 2, 6: Gegrüßet seist du, Maria . . .
GL 2, 3: Ehre sei dem Vater . . .

Gebet eines Kindes zu Maria

Maria hat aus tiefer Nacht
uns Jesus, Gottes Heil, gebracht.
Gott hat dich selbst emporgehoben
und krönt dich wunderbar.

Maria trug das Kreuz und Leid
mit Jesus in der schweren Zeit.
Gott hat dich selbst emporgehoben
und krönt dich wunderbar.

Maria, dir sei Lob gesungen,
denn alles Leid hast du bezwungen.
Gott hat dich selbst emporgehoben
und krönt dich wunderbar.

Maria, mit dir loben gern
wir Jesus Christus, unsern Herrn.
Gott hat dich selbst emporgehoben
und krönt dich wunderbar.

Maria, Mutter, Königin
nimm Dank und Bitte von uns hin.
Gott hat dich selbst emporgehoben
und krönt dich wunderbar.

Hanni Neubauer

Lied: GL 573, 1– 2: Gegrüßet seist du, Königin

Gebet zu Maria, der Königin des Friedens

Wir bitten jetzt Maria für Frieden in unserer Welt. Nach jeder Fürbitte sprechen wir gemeinsam: Höre uns, Maria!

- Maria, Königin des Friedens, dir empfehlen wir unsere friedlose Welt. Erbitte uns von Jesus, deinem Sohn, den Frieden mit Gott und den Frieden unter den Menschen.
  Höre uns, Maria!
- Erbitte uns den Geist der Liebe und des Vertrauens, auf dem der Friede ruht.
  Höre uns, Maria!
- Erbitte uns den Geist wahrer Demut, und laß uns den Frieden höher schätzen als den eigenen Vorteil.
  Höre uns, Maria!
- Erbitte uns den Geist der Versöhnung und die Bereitschaft, zu vergeben und um Vergebung zu bitten.
  Höre uns, Maria!
- Erbitte uns die Klugheit, die notwendig ist, um Frieden stiften zu können.
  Höre uns, Maria!
- Laß alle Völker, die in Zwietracht leben, wieder zueinander finden.
  Höre uns, Maria!
- Laß uns alle Ungerechtigkeiten erkennen, die den öffentlichen Frieden gefährden.
  Höre uns, Maria!
- Laß Frieden werden in allen Ländern, die durch Zwist und Bürgerkrieg erschüttert sind.
  Höre uns, Maria!
- Laß die Bemühungen der Friedensvermittler gelingen.
  Höre uns, Maria!
- Laß alle Opfer der Kriege deine gnädige Fürbitte erfahren.
  Höre uns, Maria!

Dir, Königin des Friedens, schenken wir unser Vertrauen. Erweise dich mächtig durch deine Fürsprache bei deinem Sohn Jesus Christus, dem Herrn der Welt.

(Während des folgenden Liedes gehen die Kinder zu ihren Plätzen zurück.)

Regina caeli

Im österlichen „Engel des Herrn", den die Kirche seit mehr als 900 Jahren mit ihren Gläubigen singt, stimmen wir mit Maria ein in den Osterjubel ihres Sohnes. Es ist die große Freude unseres Erlöstseins, die wir im Alltag unseres Lebens immer ausstrahlen sollten.

Lied: GL 576, 1: Freu dich, du Himmelskönigin

Wir freuen uns mit Maria, daß Jesus Christus, ihr Sohn, am dritten Tag nach seinem Tod auferstanden ist, daß wir in der Taufe hineingenommen wurden in dieses österliche Geheimnis. – Maria, du Ursache unserer Freude.
A: Bitte für uns.

Lied: GL 576, 2: Den du zu tragen würdig warst

Wir freuen uns mit Maria, daß der Herr in der Gedächtnisfeier seines Todes und seiner Auferstehung immer in unserer Mitte ist, daß wir durch den Heiligen Geist zu Zeugen des Glaubens an das neue Leben geworden sind. – Maria, du Ursache unserer Freude.
A: Bitte für uns.

Lied: GL 576, 3: Er ist erstanden von dem Tod

Wir freuen uns mit Maria, daß die Sünde der Welt getilgt ist und wir immer wieder durch Buße zum Vater zurückkehren dürfen, daß wir Hoffnung haben können, wie Maria aufgenommen zu werden in den Himmel. – Maria, du Ursache unserer Freude.
A: Bitte für uns.

Lied: GL 576, 4: Bitt Gott für uns

V: Freu dich und frohlocke, Jungfrau Maria, Halleluja,
A: denn der Herr ist wahrhaft auferstanden, Halleluja.
V: Lasset uns beten. – Allmächtiger Gott, durch die Auferstehung deines Sohnes, unseres Herrn Jesus Christus, hast du die Welt mit Jubel erfüllt. Laß uns durch seine jungfräuliche Mutter Maria zur unvergänglichen Osterfreude gelangen. Darum bitten wir durch Christus, unsern Herrn.
A: Amen.

Schlußlied: GL 589, 1–4: Alle Tage sing und sage

Jesus, Mensch geworden aus Maria
Eine Meditation zum freudenreichen Rosenkranz

Vorbemerkung

Mit der folgenden Rosenkranzandacht wird eine alte Frauentradition aufgegriffen. Es ist ein Akt überzeitlicher Solidarität mit unseren Vorläuferinnen und Wegbereiterinnen, wie es Elisabeth Gössmann ausdrückt. Ihr Denken kann auch unser Denken in der Gegenwart beflügeln.
In diesem Sinn haben wir Betrachtungsgesätze ausgewählt, die uns aus dem Zisterzienserinnenkonvent von St. Thomas an der Kyll aus der Wende zum 14. Jahrhundert überliefert sind. Es sind 99 Gesätze, die sich „Betrachtung der Wohltaten der Menschwerdung“ nennen.
Zu den 10 Dias, die während des Wortgottesdienstes gezeigt werden sollen, finden sich Angaben in den „Anmerkungen“.

Eingangslied: GL 581, 1. 6: Ave Maria klare

Begrüßung / Eröffnung

Jedes Jahr will uns die Kirche einen ganzen Monat lang auf das Rosenkranzgebet aufmerksam machen. Heute wollen wir Frauen diesem Ruf der Kirche besonders nachkommen. Bevor wir den Rosenkranz jetzt gemeinsam beten, fragen wir uns:
Warum sieht unsere Mutter Kirche gerade im Rosenkranzgebet einen so großen Wert? und: Warum ist er für viele Frauen, auch unserer Gemeinde, zu ihrem Lieblingsgebet geworden?
Die Beantwortung dieser Fragen soll uns innerlich stärken gegen manchen Angriff, den gerade dieses Gebet erfährt. Der Rosenkranz wird, nicht immer in der gleichen Form, doch schon seit vielen Jahrhunderten gebetet. Er hat seine Wurzeln sogar bei den ersten ägyptischen Einsiedlermönchen, die in der Einsamkeit der Wüste das Leben Jesu betrachteten. Das sogenannte „Jesusgebet“ der Ostkirche und der Rosenkranz der lateinischen Westkirche haben eine ähnliche Form: Durch ein fortwährendes Wiederholen bekannter Gebetstexte wird unser Inneres bereitet, einem Gedanken nachzusinnen, der uns ganz in die Nähe Jesu führt.
Beim Beten treten wir Menschen in Beziehung zu Gott. Das Aussprechen des Namens Jesu in dem immer wiederkehrenden „Gegrüßet seist du,

Maria“ schafft eine Bindung an Jesus, den Sohn Marias, unseren Bruder, der den Lebensweg mit uns geht. So war diese Gebetsform von Anfang an gedacht: ein Beten, das den Einzelnen und auch eine Gemeinschaft bei der täglichen Arbeit begleitet. So übten es auch die Laienmönche und Ordensfrauen des Mittelalters, während sie auf dem Feld, in der Werkstatt, der Küche, der Schreibstube arbeiteten. Ihre Hände hatten ihre Arbeit zu tun – ihr Geist und ihr Herz waren frei zur Begegnung.
Gibt es nicht auch bei uns solche Situationen? Vieles tun unsere Hände im Alltag fast mechanisch: Sie bedienen das Fließband, halten das Steuer des Autos, überwachen die für uns arbeitenden elektrischen Geräte. Es gibt immer wieder Zeiten, wenn auch nur kurze, die eine Begegnung mit Gott zulassen. Wie gut wäre es für unser Menschsein, wenn wir in unserer Alltagshektik und bei dem ständigen Leistungsdruck einmal eine ruhige Pause für eine Begegnung mit Jesus aussparen könnten. Es wäre wie ein Gehen zu einem lieben Menschen.
Zu Jesus, der Mensch wurde, führt uns jetzt unser gemeinsames Rosenkranzgebet. Aus dem freudenreichen Rosenkranz haben wir den Mittelteil zur näheren Betrachtung ausgewählt. Mit 10 Betrachtungssätzen, jeweils nach 5 Ave Maria ein neuer, und mit Hilfe von Bildern alter Meister bedenken wir die Geburt Jesu, die menschliche Beziehung Marias zu ihrem Kind. – Hier können wir uns als Frauen wiederfinden, Hilfe und Kraft schöpfen für unser Alltagsleben in unseren Familien.
Die ausgewählten Betrachtungssätze sind uns aus dem 13. und 14. Jahrhundert in Gebetbüchern von Zisterzienserinnen überliefert. In dieser guten Tradition wollen wir sie heute beten.

Lied: GL 582, 1–3: O Maria, sei gegrüßt

Rosenkranzgebet: Eröffnungsgebete: GL 33

1. Gesätz

Im ersten Gesätz unseres Rosenkranzes preisen wir mit Jesus seine Mutter Maria. Von Ewigkeit her ist sie die „Vielgeliebte Gottes“, wie uns ihr Name sagt. Sie ist der Tempel, der von der Gegenwart Gottes durch den Heiligen Geist erfüllt wurde. Von ihrer hohen Erwählung spricht Gott schon am Beginn der Menschheit, als die Schlange die Sünde in die Welt brachte.

Wir hören aus dem Buch Genesis: Gen 3, 14–15

Durch die Sünde war das Verhältnis des Menschen zu Gott und auch die Beziehung von Mann und Frau gestört. Durch Jesus, Marias Sohn, wurde all dieses wieder heil. Darum können wir heute bitten, daß in unseren Familien, in der Gemeinde und im öffentlichen Leben mütterliche Liebe und partnerschaftliches Zusammenwirken immer stärker Einfluß gewinnen mögen, damit das Gute in der Welt wachse.

Dia 1

Vater unser . . .
Gegrüßet seist du, Maria . . .
– Jesus, weil er dich von Ewigkeit her
  zu seiner lieben Mutter erwählt hat.
Heilige Maria, Mutter Gottes . . .
(4mal wiederholen)

Dia 2

Gegrüßet seist du, Maria . . .
– Jesus, weil er durch deine Geburt
  Freude in die Welt gesandt hat.
Heilige Maria, Mutter Gottes . . .
(4mal wiederholen)
Ehre sei dem Vater . . .

Lied: GL 132, 1– 2: Es ist ein Ros entsprungen

2. Gesätz

Im zweiten Gesätz unseres Rosenkranzes preisen wir die Geburt Jesu, die für unsere Welt das Heil gebracht hat. In der Taufe wurde uns dieses neue Leben geschenkt, damit wir mit Christus unseren Lebensweg gehen, der uns einmal ins ewige Leben bei Gott führt.

Voller Hoffnung auf die Ankunft des Messias hörte schon Israel den Propheten Jesaja sprechen: Jes 7, 14

Jedes von Eltern gezeugte und empfangene Kind ist Schwester oder Bruder des Kindes von Betlehem. Darum bitten wir jetzt ganz besonders für die Erhaltung allen Lebens und flehen zu Gott, daß keine Frau das in ihr gezeugte Leben vernichte, daß Wissenschaftler bei all ihrem Forschen immer die Würde des Menschen achten.

Dia 3

Vater unser . . .
Gegrüßet seist du, Maria . . .
– Jesus, als Kind ist er uns geboren.
Heilige Maria, Mutter Gottes . . .
(4mal wiederholen)

Dia 4

Gegrüßet seist du, Maria . . .
– Jesus, als Sohn ist er uns geschenkt.
Heilige Maria, Mutter Gottes . . .
(4mal wiederholen)
Ehre sei dem Vater . . .

Lied: GL 144, 4–5: Gott ist im Fleische

3. Gesätz

In unserem dritten Gesätz erleben wir Maria als irdische Mutter mit Jesus, ihrem Kind, Jesus, der wahrhaft Mensch wurde. Das übernächste Bild, das uns Maria zeigt, wie sie gerade das Jesuskind stillt, ist ein Zeugnis frühchristlichen Glaubens, zum ersten Mal dargestellt in der Priscilla-Katakombe in Rom im 3. Jahrhundert. In der frühen Kirche gab es immer wieder Irrlehrer, die die volle Menschheit Jesu leugneten, als habe er nur einen Scheinleib angenommen. Dagegen schufen gläubige Künstler, gemäß der Lehre der Kirche, solche Bilder, die das wahre Menschsein Jesu bezeugten und Maria als wahre Gottesgebärerin, aus deren Schoß Jesus seine menschliche Natur erhielt, bewußt als Mutter darstellten.

Im Lukas-Evangelium hören wir eine Frau voll Begeisterung zu Jesus rufen: Lk 11, 27

Diese Frau aus dem Volk hat gespürt, daß dieser junge Mann, Jesus, von einer guten Mutter erzogen wurde und in einem guten Elternhaus aufwuchs. In unserem folgenden Beten wollen wir besonders all der Kinder gedenken, die im Elternhaus oder sonstwo mißhandelt und mißbraucht werden. Aber auch all der guten Eltern wollen wir gedenken, die sich mit großer Liebe um ihr behindertes und krankes Kind kümmern, daß ihnen Kraft und Hilfe geschenkt werde, damit ihr Kind einen menschenwürdigen Platz in der Gesellschaft finde.

Dia 5

Vater unser . . .
Gegrüßet seist du, Maria . . .
– Jesus, in Windeln gewickelt.
Heilige Maria, Mutter Gottes . . .
(4mal wiederholen)

Dia 6

Gegrüßet seist du, Maria . . .
– Jesus, von dir gestillt.
Heilige Maria, Mutter Gottes . . .
(4mal wiederholen)
Ehre sei dem Vater . . .

Lied: GL 594, 1. 3: Maria, dich lieben

4. Gesätz

Beim vierten Gesätz loben wir mit den Engeln, Hirten und Weisen das göttliche Kind in der Krippe.

Wieder ist es Lukas, der uns das weihnachtliche Geschehen erzählt: Lk 2, 8–15

Und durch den Evangelisten Matthäus wird uns berichtet: Mt 2, 1 – 2

Schauen und anbeten – das ist die beste Art des Betens. Leib und Seele Gott schenken und bei ihm Ruhe und Frieden finden – das brauchen wir Menschen auch heute. Daß uns allen hier, unseren Angehörigen und allen gläubigen Menschen in der weiten Welt dies gelingen möge, darum wollen wir inständig bitten.

Dia 7

Vater unser . . .
Gegrüßet seist du, Maria . . .
– Jesus, von Engeln und Hirten angebetet.
Heilige Maria, Mutter Gottes . . .
(4mal wiederholen)

Dia 8

Gegrüßet seist du, Maria . . .
– Jesus, von den Weisen angebetet.
Heilige Maria, Mutter Gottes . . .
(4mal wiederholen)
Ehre sei dem Vater . . .

Lied: GL 139, 1–3: Hört, es singt und klingt mit Schalle

5. Gesätz

Das fünfte Gesätz unseres Rosenkranzes läßt uns in das Dunkel der Welt blicken, in Sünde und Leid. Hier offenbart sich der tiefste, der eigentliche Grund, warum Gott in Jesus Mensch wurde.

Wir hören Paulus sprechen zum Beginn seines Briefes an die Galater: Gal 1, 3–4

Daß ihr Kind Jesus einmal diese volle Hingabe an Gott leben wird und daß sie mit ihm einen Opfergang in ihrem Leben zu gehen hat, das hat Maria bei der Darstellung Jesu im Tempel bis in den Grund ihres Herzens schon geahnt.

Der Evangelist Lukas läßt den greisen Simeon zu den Eltern Jesu, vor allem zu Maria, diese Worte sprechen: Lk 2, 34c.35b

Die Flucht nach Ägypten ist die erste konkrete Erfahrung des Menschenkindes Jesus von der Bosheit der Welt.

Dazu schreibt Matthäus: Mt 2, 13

Suchen, um zu töten . . . Gilt das nicht auch für viele Menschen unserer Tage? Menschen, die im Widerspruch leben müssen! Menschen, die flie-

hen, um ihr Leben zu retten! Wir flehen zu Gott für alle Menschen, die in Ängsten leben, auf der Flucht sind, gefangen werden, gefoltert werden, getötet werden.
Maria, bitte für sie! Kind Jesus, erbarme dich ihrer!
Wir bitten auch um Berufungen im Dienst der Kirche: Männer und Frauen, die sich Gott ganz hingeben, um ihren Mitmenschen dienen zu können.

Dia 9

Vater unser . . .
Gegrüßet seist du, Maria . . .
– Jesus, im Tempel dargestellt.
Heilige Maria, Mutter Gottes . . .
(4mal wiederholen)

Dia 10

Gegrüßet seist du, Maria . . .
– Jesus, auf die Flucht nach Ägypten getrieben.
Heilige Maria, Mutter Gottes . . .
(4mal wiederholen)
Ehre sei dem Vater . . .

Lied: GL 577, 1. 4: Maria, Mutter unsres Herrn

Gebet

Gott, Schöpfer des Lebens,
das schönste Werk deiner Liebe
ist die Mutter deines Sohnes,
Maria, das reinste Bild
und der klare Spiegel
deiner schönen Liebe.

Wir lieben sie wie eine gute Mutter,
als Stern unserer Hoffnung,
als Vorbild unseres Glaubens,
als den Weg unserer Liebe.

Vater, wir danken dir,
daß wir etwas erfahren durften

von deiner mütterlichen Liebe
im Bild der Mutter deines Sohnes.
Wir danken dir,
daß wir Maria nennen dürfen:
Ursache unserer Freude,
Mutter deines Sohnes Jesus Christus,
Gottesgebärerin,
Jungfrau und Mutter. Amen.

Peter Siegmund

Segen

Der Herr segne und behüte uns. Der Herr lasse sein Angesicht über uns leuchten und sei uns gnädig. Er wende uns sein Antlitz zu und schenke uns seinen Frieden. So segne uns der allmächtige und gütige Gott, der Vater und der Sohn und der Heilige Geist.

Schlußlied: GL 586, 1–4: Gruß dir, Mutter

Anmerkungen

Dia 1: Zink, Jörg: Dia-Bücherei Christliche Kunst, Betrachtung und Deutung, Eschbach 1985, Band 17: Advent und Weihnachten III, Bild 57 (Madonna im dürren Baum).

Dia 2: Zink, Jörg: a.a.O., Bild 58 (Madonna im Rosenhag – Schongauer).

Dia 3: Zink, Jörg: Dia-Bücherei Christliche Kunst, Betrachtung und Deutung, Eschbach 1981, Band 1: Advent und Weihnachten I, Bild 11 (Geburt – Wiener Schottenmeister).

Dia 4: Zink, Jörg: a.a.O., Bild 14 (Ausschnitt Geburt – Wiener Schottenmeister).

Dia 5: Bild von Andrea Mantegna, Darbringung Jesu im Tempel (Ausschnitt) in: Bruce, Bernard: Maria – Mutter Gottes. Eine Auswahl von Gemälden der Jungfrau Maria vom zwölften bis achtzehnten Jahrhundert, mit einer Einführung von Abt Odilo Lechner OSB, Lizenzausgabe: Verlag des Borromäusvereins, Bonn 1987, S. 81, Ausschnitt aus Tafel 44.

Dia 6: Bild von Rogier van der Weyden, Madonna mit Kind in einer Nische, in: Bruce, Bernard: a.a.O., Nr. 68.

Dia 7: Zink, Jörg: a.a.O., Bild 13 (Ausschnitt Geburt – Wiener Schottenmeister).

Dia 8: Zink, Jörg: a.a.O., Advent und Weihnachten III, Bild 27 (Anbetung der Könige – Gerard, David).

Dia 9: Zink, Jörg: a.a.O., Advent und Weihnachten II, Bild 18 (Darstellung – Rogier van der Weyden).

Dia 10: Zink, Jörg: a.a.O., Advent und Weihnachten I, Bild 20 (Flucht – Wiener Schottenmeister).

VI. Der die Lehre und den Aufbau der Kirche betreffende (ekklesiologische) Ansatz

Darstellung

Dieser Ansatz wurde zunächst durch den Begriff der Schwesterlichkeit als Kirche geprägt. Schwesterlichkeit ist Kirche, nämlich ein „Raum, ein heiliger Raum", in dem Frauen sie selber werden und sich übersteigen können, sich prophetisch gegen alle unmenschlichen Strukturen erheben und die Botschaft der Befreiung verkünden. So sollen Frauen nicht länger Objekte der Theologie, sondern Subjekte sein, d.h. sie sollen nicht länger Gegenstand der Theologie sein, über den man sich Gedanken macht, oder nur Hörende, sondern selbst ihre Erfahrungen und Hoffnungen in die Kirche einbringen. Dazu gehören auch Aufdeckung, Anprangerung und Beseitigung von Unterdrückung. Um einen solchen Raum der Schwesterlichkeit zu gewährleisten, brauchen wir Frauengruppen. In ihnen ist es möglich, sich gegenseitig zu helfen und zu stützen und aus der Objekt-Rolle gemeinsam herauszufinden.[1]

Inzwischen hat sich auch eine Gruppe von Frauen von den USA ausgehend zur Frauenkirche zusammengeschlossen. Sie versteht sich als Exodusgemeinde, nicht als Sekte. Sie möchte eine religiöse Gemeinschaft sein, die von kirchlichen Institutionen ein Stück weit unabhängig ist, ohne Kontrollen und Einschränkungen von seiten der patriarchalen Kultur und Struktur der Kirche. So möchten diese Frauen zu einer Kirche der Mitmenschlichkeit und der Befreiung vom Patriarchat hinführen.

Dennoch möchten diese Frauen nicht den Dialog und auch das Zusammenarbeiten und -wirken mit den etablierten Kirchen, besonders den Frauen, die in ihnen bleiben, abbrechen. Sie sind der Meinung, daß dadurch auch von ihrem Denken und Feiern einiges in die Kirchen einfließen kann.[2]

Für die Frauengruppen in den traditionellen Gemeinden könnte dies heißen, sich auch von der Bewegung der Frauenkirche, die sich als Erneuerungsbewegung versteht, anregen zu lassen, besonders was den liturgischen Bereich betrifft, denn ihre Gottesdienste und Rituale sind sehr ansprechend. Und es müßte immer wieder Schwesterlichkeit in ihnen erlebt werden. Die in der Frauengruppe erlebte Schwesterlichkeit muß dann in die Gesamtgemeinde, Gesamtkirche eingebracht werden. Dies setzt jedoch die Bereitschaft der Männer zu einer geschwisterlichen Kirche voraus. Wo solches möglich ist, wäre dann eine Kirche, in der die gute Nachricht von der Befreiung vom Sexismus (Unterdrückung des einen Geschlechts durch das andere) gepredigt wird, wo sich eine Gemeinde versammelt und aufbaut, die sich dem neuen Leben in Gegenseitigkeit verschrieben hat.[3]

Um diese Vision schon deutlich zu machen, setzten wir uns in unserer Gemeinde auch für Lektorinnen, Kommunionausteilerinnen und Meßdienerinnen ein, damit auch der Gottesdienst ein Bild davon ist. Ebenso gehört dazu, daß Frauen ihre Gedanken und Themen im Gottesdienst vortragen, und zwar nicht nur in ihrem Gemeinschaftsgottesdienst, sondern auch in der sonntäglichen Eucharistiefeier. Somit zieht sich dieser Ansatz eigentlich durch alle Gottesdienste.

Anmerkungen

1 Vgl. Daly, Mary: Jenseits von Gottvater, Sohn und Co. ..., a.a.O., S. 176–195.
Gerber, Uwe: Feministische Theologie, a.a.O., Sp. 567.
Halkes, Catharina: Gott hat nicht nur starke Söhne, a.a.O., S. 45.

2 Vgl. Ruether, Rosemary: Unsere Wunden heilen, unsere Befreiung feiern, a.a.O., S. 77 bis 85.

3 Vgl. Halkes, Catharina: Suchen, was verlorenging, a.a.O., S.163.

Stellung der Frau in Kirche und Gesellschaft

Vorbemerkung

Dieser Gottesdienst ist von der Idee getragen, daß sich nicht nur die Frauen untereinander mit ihrem neuen Selbstverständnis und ihren sich wandelnden Rollen in Kirche und Gesellschaft beschäftigen sollten, sondern daß dies ein Anliegen der ganzen Gemeinde ist, also auch der Männer.
Als Grundlage dient uns das Bischofspapier „Zu Fragen der Stellung der Frau in Kirche und Gesellschaft" vom 21.9.1981.

Begrüßung / Eröffnung

1. Sprecherin: An diesem Wochenanfang werden unsere Gottesdienste durch eine Gruppe von Frauen mitgestaltet. Ich darf Sie dazu herzlich begrüßen. Damit wir uns in den Beiträgen der Wortverkündigung recht verstehen, möchte ich einige Vorbemerkungen an Sie richten.
Am 21. September 1981 erschien eine Verlautbarung der deutschen Bischöfe mit dem Titel: „Zu Fragen der Stellung der Frau in Kirche und Gesellschaft".
Ein Kreis innerhalb unserer Frauengemeinschaft besprach diese Ausführungen der Bischöfe. Eine lebhafte Diskussion schloß sich an. Hierbei kristallisierte sich der Wunsch heraus, wir sollten diese Gedanken stärker in unsere Gemeinde hineintragen, weil sie eigentlich in all unsere Familien hineinwirken.
Auch in unseren Medien werden fast täglich Fragen, Stellungnahmen, Diskussionen, auch harte Auseinandersetzungen aus dem Bereich Selbstverständnis der Frau und ihre Stellung in der Gesellschaft zur Sprache gebracht.
Diese Thematik durchzieht heute unseren Gottesdienst. Wir wollen nicht nur unsere Frauen damit ansprechen, sondern auch die Männer, denn unsere Bischöfe erklären wörtlich: „Jede Veränderung im Selbstverständnis der Frauen berührt zugleich das Selbstverständnis der Männer." Wir sind froh, daß unsere Bischöfe in sehr aufgeschlossener Weise dieses aktuelle Thema aufgegriffen und umfassend Stellung dazu genommen haben. Wir fühlen uns von den Gedanken und Forderungen des Papiers sehr angesprochen und möchten unsere Erfahrungen weitergeben.

Schuldbekenntnis

2. Sprecherin:
Wir wollen unsere Schuld bekennen und unsere Herzen bereiten.

- Gott, unser Vater, du hast uns nach deinem Bild erschaffen und willst uns in dir vollenden; doch wir verweigern uns oft deiner liebenden Führung.
  Herr, erbarme dich.
- Christus, unser Bruder, du hast uns als Brüder und Schwestern in deine Nachfolge berufen; oft aber versagen wir uns die gegenseitige Liebe.
  Christus, erbarme dich.
- Gott, Heiliger Geist, du weckst in uns die schöpferischen Kräfte zum Guten; doch oft sind wir taub für deinen Anruf.
  Herr, erbarme dich.

Herr, nimm von uns Sünde und Schuld und schenke uns Vergebung.

Gebet

Herr, du wolltest, daß deine Schöpfung durch die Zusammenarbeit von Mann und Frau ihre Vollendung finde; wir bitten dich: Befreie diese Zusammenarbeit von der einseitigen Überbewertung . . . und hilf der Frau bei ihren Bemühungen, ihren von dir gewollten Platz in der menschlichen Gesellschaft zu erreichen und zu behaupten.

Evangelium: Mk 14, 3–9

Besinnung

3. Sprecherin: Papst Johannes XXIII. hatte die besondere Befähigung, das Charisma, die gegenwärtige geschichtliche Situation zu durchschauen und notwendige Bewegungen anzustoßen. In seiner Enzyklika „Pacem in terris" von 1963 nennt er drei Merkmale unserer geschichtlichen Epoche als „Zeichen der Zeit": 1. die Arbeiterfrage, 2. die Probleme der Entwicklung der Völker und 3. die Tatsache, daß die Frau sich ihrer Menschenwürde immer mehr bewußt wird und am öffentlichen Leben teilnimmt.

Wenn die Kirche von „Zeichen der Zeit" spricht, dann sieht sie darin das Wirken Gottes in der Geschichte, also auch jetzt in unserer Zeit; sie hört darin einen Anruf Gottes an uns, der auf eine Antwort aus unserem Glauben wartet.

Fragen zur Stellung der Frau heute haben einen weitgespannten kulturgeschichtlichen Hintergrund. Christus hat in seiner Zeit die Frau in ihrer Stellung innerhalb der Gesellschaft aufgewertet. Wie er es versteht, auf das Wesen der Frau einzugehen, haben wir im Evangelium gehört. Viele Jahrhunderte hindurch hat griechisches und römisches Denken, von der Antike her geprägt, dazu beigetragen, daß die Frau weiterhin in Abhängigkeit vom Mann – um ein Erscheinungsbild zu nennen – gesehen wurde.
An zwei Abenden hat sich eine Gruppe von Frauen unserer Gemeinde mit diesem Thema befaßt. Wenn es auch immer wieder in der Geschichte Epochen gegeben hat, in denen die Frau Befreiung durch die Botschaft Jesu erleben durfte – und es waren immer die Frauen selbst, die sich einen Durchbruch errangen, Teresa von Avila ist dafür ein klassisches Beispiel –, so reifte ein neues Denken über das Menschenbild „Mann und Frau" erst in unserem Jahrhundert stärker heran.
So kommt es zur Aufforderung Papst Johannes' XXIII. an die Kirche, und zwar an das gesamte Volk Gottes, also auch an uns, das Zeichen der Zeit wahrzunehmen. Die bereits genannte Stellungnahme unserer Bischöfe geht vom Schöpfungsbericht in Genesis 1, 27 aus, wo es heißt: „Gott schuf also den Menschen als sein Abbild; als Abbild Gottes schuf er ihn. Als Mann und Frau schuf er sie." Hieraus leiten sich drei Thesen ab, die wir kurz betrachten wollen. Wir halten uns dabei eng an die Verlautbarung der Bischöfe.

I. These: „Mann und Frau sind gleich in der Person."
Jeder Mensch, Mann und Frau, ist Gottes Abbild und Gleichnis, von Christus erlöst und mit ihm und durch ihn in Gottes ewiges Leben gerufen. Jeder Mensch ist damit unmittelbar von Gott her und zu Gott hin. Auf dieser Unmittelbarkeit jedes einzelnen im Verhältnis zu Gott gründet sich die Würde jedes Menschen, die Würde seines Personseins.
Das bedeutet, daß Mann und Frau ihren Wert je in sich haben, daß ihr personales Dasein nicht Mittel zum Zweck ist. Daraus folgert, daß die Frau dieser Würde gerecht werden kann in Ehe und Mutterschaft oder alleinstehend – als Hausfrau, als erwerbstätige Frau, im Engagement einer politischen Aufgabe – mitten in der Welt oder in der Stille eines beschaulichen Ordens.
Mit Papst Johannes XXIII. erkennen unsere Bischöfe, daß die Wahrheit von der völlig gleichen Personenwürde von Mann und Frau wohl immer Lehraussage der Kirche war, jedoch nicht zu allen Zeiten vollständig erkannt – und noch weniger entsprechend gelebt wurde. Das heißt: Die Frau wurde in den verschiedenen Epochen der Geschichte, in den unterschiedlichsten gesellschaftlichen Verhältnissen aus vielen Gründen unter-

drückt und zweitrangig behandelt. Es ist wie ein neues Aufleuchten heute, von Gottes Geist bewirkt, wenn Frauen sich ihrer personalen Würde mehr bewußt werden, nach Gleichberechtigung streben und mehr und mehr am öffentlichen Leben teilnehmen wollen.
Die Kirche – d.h. wir alle – müssen uns dafür einsetzen, daß Mann und Frau aufgrund der jetzt schon gegebenen Möglichkeiten in Kirche und Staat mit gleichem Recht und in gleicher personaler Verantwortung bei der Gestaltung und Ausprägung von Kirche und Gesellschaft mitwirken. In Würzburg hat die Gemeinsame Synode unserer Bistümer in einem ihrer Beschlüsse wörtlich festgehalten: „Im Leben der Kirche haben Frauen eine Fülle von Aufgaben und Diensten übernommen. Dennoch wird ihre Tätigkeit noch vielfach von manchen Gemeindemitgliedern und Amtsträgern geringer bewertet als die der Männer . . . Die Frau muß noch deutlicher und gerechter in die Verantwortung einbezogen werden, die allen Christen für das kirchliche Leben aufgetragen ist.“ Das sind für eine Gemeinde bedenkenswerte Ansätze.
Die Aussage des schon genannten Schöpfungsberichts: „Als Mann und Frau schuf er sie“ ist Grundlage einer

II. These: „Männer und Frauen sind in der Ausprägung ihres Menschseins verschieden.“
Es gibt nicht den Menschen, es gibt ihn nur als Mann und als Frau, beide Gottes Abbild. Dazu sagt Papst Johannes Paul I. am 10.9.1978: „Gott ist Vater, mehr noch, er ist uns auch Mutter.“
Hier wäre einiges aufzuholen im Suchen nach dem rechten Gottesbild. Die Bibel hat viele Stellen, in denen Gottes Wirken und Handeln als mütterlich beschrieben wird. Die Frau ist darum nicht nur in ihrem Personsein, sondern auch in ihrem Frausein Gottes Abbild. Es hat sich in der Entfaltung der menschlichen Kultur im Lauf der Geschichte als hoher Wert erwiesen, daß Mann und Frau verschieden in ihrem Wesen sind. Doch gilt heute als problematisch, wenn Eigenschaften von Mann und Frau zu einseitig typisiert werden, etwa hier: kämpferische Durchsetzungskraft, dort: behüten, umsorgen; oder hier: abstraktes Denkvermögen, dort: Gefühlsstärke.
Ein Überbetonen solcher Unterscheidungen hat die Erziehung und das Berufsleben lange entscheidend beeinflußt, oft zum Nachteil der Frau. Eine Verengung in der Sicht der Eigenschaften von Mann und Frau ist eine Wurzel für Schwierigkeiten in der Verwirklichung von Gleichberechtigung. Eigenschaften lassen sich bei entsprechend offener Einstellung zueinander ausgleichen; durch Wirksamkeit im öffentlichen Bereich entfaltet die Frau neue, in ihrem Wesen bisher ruhende Fähigkeiten. Menschliches Wesen gelangt dann zu einer stärkeren und reiferen Entfaltung.

Das Alte Testament zeichnet uns in seinen Frauengestalten nicht nur einen Frauentyp, sondern wir sehen bedeutende Stammesmütter wie Sara, Rebekka, Rachel und auch kämpferische Frauen wie Ester und Judit, die zu Beschützerinnen ihres Volkes Israel wurden. Bei aller Verschiedenheit in ihrem leib-seelischen Sein haben Mann und Frau doch vieles gemeinsam, besonders in der entscheidenden Aufgabe, nämlich dem Dienst am Leben.
Eine andere Wurzel für Schwierigkeiten in der Verwirklichung von Gleichberechtigung, insbesondere der Stellung der Frau, ergab sich für uns im Lauf der Geschichte durch die Entwicklung der Industriegesellschaft. Der häusliche und familiäre Bereich wurde vom beruflichen und öffentlichen völlig getrennt. Für die Frauen bedeutete dies Beschränkung auf nur familiäre Aufgaben und für die Männer Isolierung vom häuslichen Bereich. Hier hat die Minderbewertung der nur häuslichen Arbeit eine ihrer Wurzeln. Natürlich müssen wir auch das Positive dieser Entwicklung sehen, wie z. B. dies: den Ausbau der Bildungswege für Mann und Frau, das breite Spektrum der Arbeitsmöglichkeiten, die Erhöhung des Lebensstandards, auch mehr Frauen in Betrieb und Politik. So können Frauen schon ihr Einfühlungsvermögen, ihre Verständnisbereitschaft und ihre Friedensliebe als Mittel zur Vermenschlichung im öffentlichen Leben einbringen.
Selbstverständlich müssen wir solche Bewegungen und Veränderungen auch weltweit sehen. Die in den beiden letzten Jahren stattfindenden Gottesdienste am „Weltgebetstag der Frauen" zeigten uns eindrucksvoll das verantwortungsvolle Engagement von Frauen in der Welt, die in schwierigsten politischen Verhältnissen leben. Irische und indianische Frauen sandten in alle Welt ihren Gottesdienstvorschlag, und wir waren tief beeindruckt von der Aussage ihrer Texte und Lieder, die von der Würde des Menschen, der Liebe des Schöpfergottes und dem echten Frieden in der Welt zeugten.

III. These: „Frauen und Männer sind auf gegenseitige Partnerschaft angewiesen."
Das Auf-einander-verwiesen-Sein, das Für-einander-da-Sein ist ein Lebensprinzip des Menschen. Die Fülle des Lebens findet keiner für sich allein. Auch darin ist der Mensch Abbild des dreifaltigen Gottes. Wenn wir das gleichwertige Miteinander von Menschen bezeichnen wollen, sprechen wir heute von Partnerschaft. Mann und Frau können sie in besonderer Weise in der Ehe verwirklichen. Doch auch im Berufsleben, in politischer Verantwortung, im gesellschaftlichen Leben überhaupt und nicht zuletzt in der Kirche erwarten und fordern die Frauen aus dem Bewußt-

sein ihrer gleichwertigen Begabungen und Fähigkeiten partnerschaftliches Verhalten.
Hierzu die Bischöfe wörtlich: „Auf dem Weg zu einer Partnerschaft in allen Lebensbereichen wird ein Prozeß in Gang gesetzt, der nicht von heute auf morgen vollendet werden kann. Neue, flexiblere Aufgabenteilungen in Familie, Beruf, Gesellschaft und Kirche wollen eingeübt werden. Es werden dabei viel Geduld, Verständnis füreinander, Ausdauer und Mut nötig sein.“
Mit viel Verständnis fordern unsere Bischöfe die Gesellschaft und die kirchlichen Gemeinden auf, unverheiratete, erwerbstätige Frauen und alleinerziehende Mütter oder Väter partnerschaftlich anzunehmen und vor Isolation zu bewahren. Hier sind manche Vorurteile noch abzubauen.
Nach diesen grundlegenden Erwägungen sehen unsere Bischöfe „die Stellung der Frau“ ganz spezifisch in der Kirche für jetzt und künftig. Wir halten es für geeignet, anhand ihrer Anregungen, Empfehlungen und Forderungen einmal in einer Übersicht konkret die Situation der Frauen in unserer Gemeinde aufzuzeigen, denn vieles, was im Bischofspapier aufgezählt wird, können wir bei uns gut oder wenigstens im Ansatz verwirklicht sehen. So bekommen wir Mut, es zu vertiefen und auszubauen.
Es gibt in unserer Pfarrgemeinde:

- Studentinnen der Theologie;
- Frauen, die aufgrund ihres Studiums ein Amt in der Kirche übernehmen können;
- Frauen, die über Jahrzehnte sich theologisch, vor allem religionspädagogisch, weitergebildet haben;
- Frauen, die über viele Jahre hinweg Verbandsarbeit leisten, leitend oder mittragend als Mitglieder;
- Frauen, die Seniorendienst leisten;
- Frauen, die bereit sind, im pastoralen Dienst in der Gemeinde mitzuhelfen, indem sie Kinder in die Sakramente der Buße, der Eucharistie und der Firmung einführen helfen, indem sie Gottesdienste planen und gestalten, auch im musikalischen Bereich, in Schola und Chor, indem sie Weiterbildung organisieren und betreuen;
- Frauen, die erste Diakonatsdienste tun im Austeilen der Kommunion, im Lektorendienst, im Austragen der Krankenkommunion, in ersten Ansätzen der Wortverkündigung;
- Frauen, die Familien aufsuchen, älteren Gemeindemitgliedern an Festtagen eine Freude machen, in der Caritasarbeit helfen;
- Frauen, die Krankendienste leisten;
- Frauen, die den Ordensberuf erwählt haben;
- Frauen, die Verwaltungsarbeit und Bürodienste leisten;

- Frauen, die Service machen bei Festen und Feiern, beim Reinigen und Schmücken der Kirche, beim Richten der Kirchenwäsche;
- Frauen im Pfarrgemeinderat, in den Ausschüssen und im Verwaltungsrat;
- Mädchen verschiedenen Alters aus unseren Familien, die am Altar dienen;
- Frauen, die in der Familie die Aufgabe der religiösen Erziehung der Kinder tragen und sich bemühen um Kontakt zwischen Familie und Kirche.

Dieses breite Spektrum an Diensten ist Inhalt des gemeinsamen Priestertums aller Getauften. Es ist daher unbedingt zu billigen, daß Frauen gleichberechtigt daran teilnehmen. Leider ist es noch Erfahrungstatsache, daß manche, auch Frauen, sich sträuben, neue Aufgaben anzuerkennen, oder sich nicht mit Frauen solidarisch erklären können, die neue Dienste in der Kirche ergreifen.

Ein weiteres Zitat aus der Stellungnahme der Bischöfe könnte uns helfen: „Wir Bischöfe werden uns weiter dafür einsetzen, daß gesamtkirchlich und für den eigenen Jurisdiktionsbereich (die Diözese) Frauen zu allen Diensten zugelassen werden, die theologisch möglich, pastoral sinnvoll, angemessen und notwendig sind. Die Mitwirkung von Frauen an der Heilssorge der Kirche soll in der Aus- und Weiterbildung der Priester, Diakone und anderen kirchlichen Berufen berücksichtigt werden."

Wir spüren deutlich: Es sind geschichtliche Entwicklungen im Gange, die wir mittragen sollen. Papst Johannes XXIII. hat mit dem II. Vatikanischen Konzil die Fenster der Kirche zur Welt von heute aufgestoßen. Lassen wir uns von seinen Aussagen beeindrucken! Denken wir über die Stellungnahme der Bischöfe zur Frauenfrage nach und nehmen wir das Zeichen der Zeit wahr!

Wir Frauen wollen unseren Beitrag am Weltdienst mit allen Menschen guten Willens leisten und damit am Heilsdienst der Kirche mitwirken, d.h. an der Verwirklichung des Reiches Gottes schon jetzt.

Verschließen wir uns nicht der schöpferischen Kraft des Geistes Gottes!

Gott ist Ursprung und Ziel allen Lebens, das ist unsere große Hoffnung. Mann und Frau schuf er sich als Partner für den Dienst am Leben der Schöpfung. Ihr gegenseitiges Vertrauen, ihre gegenseitige Treue und Liebe sind Abbild des Bundes Gottes mit den Menschen. So kann uns auch das vielfältige Miteinander von Mann und Frau in Partnerschaft, wie wir es in unseren Ausführungen aufzeigten, zum Zeichen der Hoffnung werden für die Verwirklichung des Reiches Gottes jetzt und in der Zukunft.

Fürbitten

Wir sind als Gemeinde aufmerksam geworden auf das „Zeichen der Zeit", daß Frauen sich um eine neue Stellung in Kirche und Gesellschaft mühen. Wir wollen Gott um seine Hilfe in diesem Anliegen für uns alle bitten:

- Gott, Heiliger Geist! Mann und Frau sollen ihre Gaben in das Leben der Kirche einbringen und partnerschaftlich Verantwortung in der Heilssorge der Kirche übernehmen. Erwecke in unseren Männern und Frauen, besonders auch in allen, die in unserer Kirche Amt und Verantwortung tragen, das rechte Verständnis füreinander! Gib ihnen Mut, sich der Herausforderung unserer Zeit zu stellen und neue Wege zu finden!
  Wir bitten dich, erhöre uns.
- Herr Jesus Christus! Mann und Frau sind durch das Ehesakrament in gleicher Weise berufen und befähigt, für die religiöse Erziehung ihrer Kinder Sorge zu tragen. Diese Aufgabe fordert von uns heute mehr eigene Glaubenskraft und persönliche Glaubensaussage. Sei du die Mitte unserer Familien! Vertiefe und stärke den Glauben der Väter und Mütter, und laß sie gemeinsam Vorbild für ihre Kinder sein!
  Wir bitten dich, erhöre uns.
- Gott, Schöpfer allen Lebens! Frauen erkennen heute stärker ihren eigenen Wert, sind auch als Alleinstehende und Alleinerziehende selbstbewußter geworden. Sie wollen in Berufswelt und Politik volle Verantwortung mittragen für die Zukunft einer menschlicheren Welt. Schütze die Frauen, wenn traditionelles Denken, Vorurteile und zu wenig Zutrauen sich als Widerstände gegen sie erheben! Laß Männer und Frauen in allen Bereichen des Lebens nicht gegeneinander, sondern miteinander arbeiten!
  Wir bitten dich, erhöre uns.
- Gott des Erbarmens und des Trostes! Während wir uns um das rechte Bild von Mann und Frau mühen, wird das Bild des Menschen in allen Teilen der Welt auf grausame Weise zerstört. Hilf den Unterdrückten im Kampf gegen das Böse! Mildere das Leid all der Frauen, deren Partner in Gefängnisse gestoßen werden, deren Kinder am Hunger sterben, deren persönliches Leid unendlich groß ist, weil sie Folterungen und Schändung erleben müssen! Mache Männer und Frauen bereit, sich mit aller Kraft für den Frieden in der Welt einzusetzen!
  Wir bitten dich, erhöre uns.

Gott, höre unser gemeinsames Beten, das wir nun mit den Gaben von Brot und Wein zum Altar tragen, damit uns allen Heil werde durch Christus, unseren Herrn.

Gabengebet

Herr, du weißt, daß es um die Anerkennung der Frauenwürde und Frauenrechte noch keineswegs zum besten bestellt ist. Laß, so bitten wir, in allen Völkern die Gesetze reifen, die auch der Frau das volle Recht auf das ihr gemäße Leben und auf Mitsprache in den Fragen der Welt gewähren.

Präfation: Meßbuch II, Seite 502

Schlußgebet

Herr, du hast in deiner Mutter Maria die Bedeutung der Frau auf unvergleichliche Weise hervorgehoben und aller Welt vor Augen gestellt. Darum bitten wir dich: Gib, daß auch und vor allem in deiner Kirche das von dir proklamierte Hoheitsrecht der Frau immer mehr sich entfalten und zum Wohl der Menschen wirksam werden kann.

VII. Der die gesellschaftlichen Verhältnisse und die Umwelt betreffende (sozialethische) Ansatz

Darstellung

Zu diesem Ansatz gehört, daß Frauen aufmerksam machen auf die Notwendigkeit der Wiedergewinnung einer lebensgerechten Umwelt. Die Sorge darum erwächst aus dem Bund der Schwesterlichkeit, der auch als „Kosmischer Bund" bezeichnet wird. Somit umschließt er Erde, Luft, Feuer, Wasser, Sonne, die Planeten und die Sterne, überhaupt die gesamte Natur. Sie wird als etwas angesehen, das mit uns ist, nicht für uns da ist.[1]
Angeprangert werden auch die aggressiv-kriegerischen Reaktionsmuster der Männer. So treten Frauen für den Abbau vielfältiger Aggressivität und Gewalt ein, für eine gewaltfreie Konfliktlösung und für den Schutz des Schwachen.[2]
So bringen Theologinnen ins Wort, was Frauen überall auf der Welt schon praktizieren, so z. B. die Mütter von der Plaza de Mayo in Argentinien, die jahrelang jeden Donnerstag in einem Schweigemarsch vor dem Regierungspalast in Buenos Aires auf- und abgingen, um Auskunft über ihre verschwundenen Kinder zu erhalten, oder die philippinischen und thailändischen Nonnen, die sich hinter die Prostituierten-Mädchen stellen, um den Skandal des Menschenhandels aufzudecken, oder die Frauen Kenias, die Bäume pflanzen gegen die Dürre und den Hunger, die Frauen der Frauenhaus-Bewegung, die Friedens- und Anti-Apartheid-Frauen überall – sie helfen den Fragestellungen der feministischen Theologie durch die Praxis, denn was immer die Frage nach Gott-Vater oder Mutter-Göttin ist, der sicherste Weg, eine Antwort zu finden, ist, in die Gesichter der Frauen, Männer und Kinder zu schauen, die uns anvertraut sind und in denen Gott uns als Frau, Mann oder Kind entgegentritt und auf Antwort wartet.[3]

Anmerkungen

1 Vgl. Gerber, Uwe: a.a.O., Sp. 568.
Daly, Mary: Jenseits von Gottvater, Sohn und Co. ..., a.a.O., S. 196, 200.

2 Vgl. Gerber, Uwe: a.a.O., Sp. 568 und 572.

3 Vgl. von Wartenberg-Potter, Bärbel: Wir werden unsere Harfen nicht an die Weiden hängen. Engagement und Spiritualität, Zürich 1986, S. 71, 108.

Befreiung zur Mütterlichkeit

Vorbemerkung

Dieser Gottesdienst wird am Fest „Verkündigung des Herrn“ gefeiert oder an einem anderen Tag, an dem das Thema Mütterlichkeit paßt. Einbezogen sind auch die Kinder, die das Evangelium in einem Spiel darstellen.
Als Lebens- und Hoffnungszeichen zum Frühlingsbeginn werden Tulpen verteilt.

Eingangslied: GL 582: O Maria, sei gegrüßt

Begrüßung / Eröffnung

1. Sprecherin: Einige von Ihnen erinnern sich vielleicht noch an das Leitwort des Deutschen Katholikentags in München 1984: „Laßt uns dem Leben trauen, weil Gott es mit uns lebt“ oder an das Jahresthema 1983–1985 der Katholischen Frauengemeinschaft Deutschlands: „Zum Leben gerufen – zum Leben befreien“. In unserem Gottesdienst heute legen wir das Schwergewicht auf den zweiten Teil der Aussage dieses Leitsatzes, nämlich: „Zum Leben befreien“.
Wenn wir spontan in das Zentrum dieser Aussage stoßen, dann kommt uns das Wort „Mutter“ in den Sinn – umfassender ausgedrückt: der Begriff „Mütterlichkeit“. Das heutige Fest „Verkündigung des Herrn“ an Maria ermutigt uns ebenso, über Mütterlichkeit nachzudenken.
Der Ruf nach Humanisierung der Gesellschaft heute, die drängende Aufgabe, „dem Leben zu dienen“, „dem Leben zu trauen“, „anderen leben zu helfen“ – alle diese Signale unserer Tage rufen unseren Verstand und unsere Phantasie auf, nach Möglichkeiten der Verwirklichung zu suchen. In unserem Gottesdienst wollen wir miteinander dazu einen Beitrag leisten.

Bittrufe

Wir wollen nun gemeinsam Eucharistie feiern und zunächst in einer guten Bußgesinnung Gottes Erbarmen anrufen:

- Wir sind gegen Gott, unseren Schöpfer, schuldig geworden, weil wir glauben, alles im Leben selbst machen zu können. Unser Vertrauen und unsere Hoffnung auf seine Allmacht und Güte mögen in uns wachsen. Herr, erbarme dich.
- Unsere Bindung an Jesus, unser Leben, ist nicht mehr stark genug. Maria, seine Mutter, hat durchgehalten bis unter das Kreuz ihres Sohnes. Wir bitten um seine Liebe.
  Christus, erbarme dich.
- Wir verschließen uns vielfach dem Wirken des Heiligen Geistes, den uns Jesus als kraftvollen und zugleich mütterlichen Tröster verheißen hat. Er mache uns zu neuen Menschen.
  Herr, erbarme dich.

Gebet: Meßbuch II, Seite 649

Einführung zur ersten Lesung

2. Sprecherin: In einer schwierigen Zeit tröstet Gott durch den Mund eines Propheten: An Jerusalem, der Tochter Zion, wird sich die Liebe Gottes offenbaren.

Erste Lesung: Jes 66, 10–13

Zwischengesang: GL 297, 1– 2: Gott liebt diese Welt

Einführung zur zweiten Lesung

3. Sprecherin: Ein Volk wird unterdrückt. Da bekommt es eine Mutter: eine Mutter, die keine leiblichen Kinder hat, sondern die Richterin, Prophetin und Führerin ist.

Zweite Lesung: Ri 4, 23–24; 5, 1.3–7

Zwischengesang: GL 193: Herr, unser Gott, bekehre uns

2. Sprecherin: Menschen haben aufgeschrieben, was Jesus gesagt und getan hat, wie er gelebt hat, wie er gestorben ist. Ein Freund Jesu – Lukas heißt er – hat aufgeschrieben, wie Jesus geboren wurde. Er hat aufgeschrieben, wie Maria erfährt, daß sie die Mutter Jesu sein wird. Seine Geschichte heißt so: Maria ist in ihrem Haus. Es ist ganz still im Haus. Maria betet.

Kinder bilden mit hellen Tüchern das Haus für Maria.

Sie betet zu Gott: Schicke uns Licht in unsere Dunkelheit. Schicke uns einen Stern in unsere Finsternis. Schicke uns den, den du versprochen hast, den Messias, Retter, Heiland.

Es wird hell in Marias Haus. Es kommt einer, der hell, Licht ist, weil er vom Licht kommt. Ein Bote Gottes, ein Engel tritt ins Haus. Er grüßt Maria und sagt: Ich grüße dich, Maria. Gott sendet mich zu dir. Eine Botschaft soll ich dir bringen. Die Botschaft kommt von Gott. Du wirst Mutter werden. Ein Kind wirst du bekommen. Dem Kind sollst du den Namen Jesus geben. Das Kind wird der sein, den Gott den Menschen versprochen hat, das Licht in der Dunkelheit, der Stern in der Finsternis, der Messias – Retter – Heiland.

Ein Kind übernimmt die Rolle des Engels und tritt auf Maria zu.

Maria ist erstaunt. Sie ist verwundert. Sie soll Mutter werden? Sie wird den gebären, den Gott den Menschen sendet: Jesus, den Messias – Retter – Heiland. Maria antwortet: Es soll so sein. Es soll geschehn, wie Gott es will.
Das war die Botschaft Gottes an Maria. Maria aber ist voll Freude. Sie lobt Gott und sagt: Gott, du bist groß. Gott, du bist gut. Gott, du liebst die Menschen und vergißt sie nicht. Gott, ich danke dir aus ganzem Herzen und singe dir mein Lied.

In der Zeit, in der Maria lebte – vor 2000 Jahren –, war vieles anders als heute. Wasser z.B. floß nicht aus dem Wasserhahn. Brauchte man Wasser, mußte man zum Brunnen gehen. In jedem Dorf, in jeder Stadt gab es einen Brunnen. Meist lag er in der Mitte des Ortes. Er war sehr tief. Wasser war sehr kostbar. Mit einem Eimer holte man Wasser aus dem Brunnen. Man ließ den Eimer mit einem Seil in die Tiefe; war er gefüllt, zog man ihn wieder hoch. Zu dem Brunnen kamen alle, die Wasser brauchten, vor allem Frauen. Morgens und abends kamen sie. Sie schöpften Wasser. Sie erzählten sich Geschichten.

Kinder legen mit Steinen oder dunklen Tüchern einen Brunnen.

Auch Maria geht zum Brunnen. Sie trägt einen großen Krug. Sie stellt ihn ab. Sie läßt einen Eimer in den Brunnen. Sie zieht ihn wieder empor. Sie gießt das Wasser aus dem Eimer in den Krug. Sie trägt den Krug nach Hause.
Die Frauen am Brunnen schauen Maria nach. Die Frauen sagen zueinander: Maria bekommt ein Kind. Man sieht es ihr an. An ihrem Leib merkt man es, daß Maria Mutter wird. Ja, Maria wird Mutter. Sie freut sich auf ihr Kind.

Maria spielt das gesprochene Wort. Sie geht von ihrem Haus zum Brunnen, schöpft pantomimisch Wasser und geht wieder heim.

Besinnung

1. Sprecherin: Liebe Mitchristen und Mitchristinnen!
Wir alle wissen, was eine Mutter ist. Wir alle haben eine Mutter. Viele von uns sind selbst Mutter oder sind mit einer Frau verheiratet, die Mutter ist. Wir begegnen Müttern mit Kindern. Eine junge Frau trägt ihr Kind in den Bus. Eine Frau schiebt einen Kinderwagen über die Straße; sie beschützt ihr Kind vor den Gefahren des Alltags. Oder wir erleben, wie eine junge Mutter ihr Kind zur Taufe in die Kirche bringt.
Wir ahnen, daß die biologisch-seelische Beziehung zwischen Mutter und Kind, die sich in Stolz, Zärtlichkeit, Bewunderung, Ehrfurcht und Freude ausdrückt, eine der stärksten Kräfte im Universum ist. Begegnungen mit der Mutterschaft sind für viele Menschen sehr starke emotionale Erlebnisse. Erinnern wir uns doch auch in der Tiefe unserer Seele, was es für unser eigenes Leben bedeutet, beschützt, geliebt, liebkost und bemuttert zu werden. Viele Männer erwarten von ihren Frauen, daß sie sie wie ihre Mutter behandeln. Umgekehrt kann auch der Mann seine Frau bemuttern. Auch er ist zärtlich und liebevoll zu ihr und umsorgt sie.
Wir wenden das Wort „Mutter" auch in anderem Zusammenhang an. Wir sprechen von der „Mutter Erde" oder vom „Mutterboden". Die Erde bringt neues Wachstum, neue Frucht hervor. Leben spenden, Leben zur Welt bringen, diese Erfahrung von Mütterlichkeit zieht sich durch alle Kulturen der Erde und findet ihren Ausdruck in den Muttergottheiten. Sie sind für die Fruchtbarkeit des Landes zuständig, und sie sollen die Menschen, die dem Leben und der Natur so wehrlos und schutzlos anheimgegeben sind wie ein Säugling der Mutter, beschützen.
Bevor die Mutter Leben spenden kann, muß sie warten. Warten können ist ein wesentlicher Zug der Mutterschaft. Der wartende Mensch weiß: Das Tiefste, Beste kann man überhaupt nicht machen – es wird. Und diesem Werden muß man Zeit lassen. Werdendes Leben, Gutes und Großes braucht Stille und Warten. Fehlt uns heute nicht gerade dies? Haben wir Zeit? Freilich wird nichts von selbst; wir müssen das Unsere tun, aber zur rechten Zeit. Eine Frau muß warten, bis ihre Stunde kommt: Sie erwartet ihr Kind; Leben wächst in ihr. Sie hat es gewollt und empfangen; wir hören es auch in der Verkündigung an Maria. Lange wartet die Mutter, bis sie erstmals dieses neue Leben voll Staunen sieht: ihr Kind, das aus ihr geboren wurde. Für sie ist wesentlich, sich dem Leben zur Verfügung zu stellen. Dieses Warten schließt Unruhe, Bange-Sein und Freude mit ein.
Der Evangelist Johannes beschreibt das Warten auf das Reich Gottes im Bild einer Schwangeren: „Ihr werdet bekümmert sein, aber euer Kummer wird sich in Freude verwandeln. Wenn die Frau gebären soll, ist sie be-

kümmert, weil ihre Stunde naht. Aber wenn sie das Kind geboren hat, denkt sie nicht mehr an ihre Not über der Freude, daß ein Mensch zur Welt gekommen ist" (Joh 16, 20–22).
Mütterlichkeit heißt auch: das Leben bewahren, noch ehe ein anderer davon weiß; wissen, daß ein Mensch da ist, auch wenn er noch nicht das Licht der Welt erblickt hat. Und dann – der erste Schrei – der erste Blick – das Neugeborene! Wer von Ihnen einmal die Hilflosigkeit eines Neugeborenen erlebt hat, weiß, wie wichtig die Mutter ist. Nun heißt Mutter sein: nähren und pflegen, bergen und schützen. Sind das nicht die Dinge, die wir am stärksten mit Mütterlichkeit verbinden?
Geborgenheit wird dem Säugling in erster Linie von der Mutter vermittelt. Er braucht ihre Wärme, ihr Lächeln, ihre Stimme, ihre Arme. Er kann nur glücklich sein, wenn er sich eingehüllt weiß in die Liebe seiner Mutter oder seiner Bezugsperson, die ganz für ihn da ist. Die Vermittlung des Urvertrauens durch Mütterlichkeit schafft im Menschen die entscheidende Grundlage zur Bewältigung schwieriger Situationen im späteren Leben. Kein Zweifel, in den Händen von mütterlichen Menschen liegt die Zukunft der Menschheit. „Die Hand, die die Wiege bewegt, bewegt die Welt", so schreibt die christliche Schriftstellerin Gertrud von Le Fort. Zum Leben befreien heißt: unseren Kindern Urvertrauen zum Gott des Lebens zu vermitteln, der uns – mütterlich – auf seinen Knien liebkost, wie wir in der Lesung gehört haben.
„Habt ihr auch einen Staubsauger, einen Waschautomaten und eine Spülmaschine?" fragte der Sechsjährige das Mädchen von nebenan. „Nein", sagte es, „aber ich habe eine Mutti." Ohne Zweifel hat die Kleine etwas gesagt, was auch heute noch gilt. Mutter sein bedeutet: da sein für andere, Heimat und Geborgenheit schenken. Der Dichter Franz Grillparzer sagte einmal: „Weil Gott nicht überall sein konnte, darum erschuf er die Mütter."
Eine wesentliche Aussage zur Mütterlichkeit erfahren wir im Neuen Testament von Maria und Elisabet. Sie wissen beide: Unser Kind ist Gottes Geschenk. So können Johannes der Täufer und Jesus das Elternhaus verlassen und eigenständig ihren Weg gehen. Echte Mütterlichkeit kann das Kind hergeben – kann es freigeben. Freigegebene Kinder entfalten ihre Selbständigkeit. Freigeben zum ersten Schritt ist ein Wagnis; loslösen kann Schmerz bereiten. Doch ist freigeben nicht vergessen! „Vergißt wohl eine Frau das Kind, das sie nährt, hört sie auf, den Sohn ihres Schoßes zu lieben? Und wenn sie es vergäße, ich vergesse dich nicht", so beschreibt Jesaja die Mütterlichkeit Gottes (Jes 49, 15).
Auf dem Weg durch dieses Leben braucht der Mensch „Raststätten", wo neue Lebenskraft „getankt" wird. Es sind dies in vielen Fällen mütterliche

Menschen, die müdes, krankes oder auch geschlagenes Leben bei sich aufnehmen, um ihm Schutz- und Schonraum zu bieten. Mütterlichkeit ist nicht nur lebenswichtig für das Kind, sondern auch für den Erwachsenen. Paulus, der rastlose Wanderer, schätzt die Mutter des Rufus, die auch ihm zur Mutter geworden ist.
Wir sollten auch bedenken, daß Mütterlichkeit nicht unbedingt nur an das Geschlecht und die leibliche Mutterschaft gebunden ist. Sehen wir auf Jesus, in dessen Nähe sich die Menschen geborgen fühlen. Denken wir an seine offene Beziehung zu den Kindern, an die Zärtlichkeit, mit der er sie behandelte. Die Bedeutung Marias können wir sicher auch darin sehen, daß sie diese Eigenschaften ihm als Mutter vermittelt hat.
Denken wir an den mütterlichen Papst Johannes XXIII., der nach seiner Wahl zu den Tausenden von Zuhörern auf dem Petersplatz sagte: „Nun geht nach Hause und streichelt eure Kinder!“ Wir erinnern uns des väterlichen und zugleich mütterlichen Mannes Janusz Korczak, der mit seinen jüdischen Waisenkindern in die Gaskammer ging, um ihnen den letzten mütterlichen Dienst der Begleitung zum Tod zu leisten. Das Bild Mariens am Kreuzweg wird uns hier lebendig. Wir wissen doch auch, wie viele kinderlose Frauen wahrhaft mütterlich sind. Debora, die Richterin im Alten Testament, rettete ihr Volk in höchster Gefahr mit Mut und Geistesgegenwart. So kann Jesaja sagen: „Die Einsame hat eine größere Kinderschar als die Vermählte“ (Jes 54, 1).
Wenn wir als mütterliche Menschen „zum Leben befreien“, dann können wir uns ganz der Mütterlichkeit Gottes überlassen und vielleicht mit der Mystikerin Juliana von Norwich, die im 14. Jahrhundert gelebt hat, von Gott bekennen: „Dieses schöne Wort ‚Mutter‘ ist ... so gütig, daß es von niemand und zu niemand in voller Wahrheit gesagt werden kann als von ihm und zu ihm, der die wahre Mutter des Lebens und aller Dinge ist.“

Credo: GL 467: Wir glauben an den einen Gott

Fürbitten

Wir wollen Gott unsere Bitten vortragen:

- Gott, himmlischer Vater, wir bitten für unsere Familien. Du läßt sie in besonderer Weise an deinem Schöpferwillen teilhaben. Laß die Eltern und alle Erziehenden im Geist echter Mütterlichkeit ihren Erziehungsauftrag erfüllen, d. h. in weiser Führung, dem Alter gerecht, ihren Kindern und Jugendlichen gegenüber handeln, damit Vertrauen und Liebe gegenseitig und zu dir hin wachsen können.
  Wir bitten dich, erhöre uns.

- Jesus Christus, unser Leben, wir bitten für unsere Gemeinde. Du gibst dich uns selbst in der eucharistischen Speise und im Wort der Frohbotschaft, damit dein Leben in uns sich entfalte. Öffne unsere Herzen für deine große Liebe und mache uns zu Dienern deiner Brüder und Schwestern.
  Wir bitten dich, erhöre uns.
- Du lebenspendender Heiliger Geist, wir bitten für alle gütigen Helfer in der Welt, Frauen und Männer, ob in Familien, alleinstehend oder in Gruppen tätig, die in selbstlosem Einsatz den Kampf aufgenommen haben gegen Hunger, Glaubensnot, Ungerechtigkeit, Haß und Unmenschlichkeit. Laß sie erfahren, daß ihr treues Dienen den Menschen leben hilft, sie zum Leben befreit.
  Wir bitten dich, erhöre uns.
- Gütiger Gott, du für uns immer anwesender Gott; wir bitten für jeden einzelnen von uns. Du willst, daß wir dankbar ja sagen zu unserem eigenen Leben. Laß uns unsere Schwächen, aber auch unsere Stärken erkennen, damit wir mit deiner Hilfe das Gute zur Entfaltung bringen können und so Christus immer mehr in uns Gestalt gewinne.
  Wir bitten dich, erhöre uns.

Dreifaltiger Gott, wir vertrauen auf deine Hilfe, jetzt und alle Tage unseres Lebens.

Lied zur Gabenbereitung:
GL 586, 1– 2: Gruß dir, Mutter, in Gottes Herrlichkeit

Gabengebet: Meßbuch II, Seite 649

Präfation: Meßbuch II, Seite 650

Sanctus: GL 434: Heilig, heilig, heilig Gott

Agnus Dei: GL 435: Lamm Gottes

Kommunionvers

In Jesus, dem Sohn Marias, wird uns die Liebe Gottes geschenkt – wie eine Mutter ihr Kind tröstet, so tröste ich euch.

Lied zur Kommunion:
GL 298, 1. 3: Herr, unser Herr, wie bist du zugegen

Nach der Kommunion

4. Sprecherin: O Maria, Mutter Gottes, Mutter unseres Herrn und Bruders Jesus Christus, wir danken dir für dein demütiges und mutiges Ja. Es war ein festes und treues Ja zu deiner Berufung, dem Gottesknecht, dem freien Diener aller Menschen zu folgen, und sei es bis unter das Kreuz.
Wir grüßen dich und freuen uns mit dir; denn der Allmächtige hat dir die Ehre und Freude verliehen, die Mutter seines menschgewordenen Sohnes zu sein. In alle Ewigkeit wird Jesus dich als seine Mutter ehren. Und für immer wird unsere Erlösung auf dein Ja-Wort hinweisen.
Bitte für uns, auf daß auch wir mit ganzem Herzen, mit unserem Dasein ja sagen zu unserer wunderbaren Berufung, Brüder und Schwestern deines Sohnes, des Sohnes Gottes, zu sein.
Laß uns deinem Beispiel folgen, um in mütterlicher Bereitschaft unseren Nächsten zu dienen, damit das Reich Gottes verwirklicht werde.

Bernhard Häring

Schlußgebet

Herr Jesus Christus, ewiges, lebenspendendes Wort des Vaters! Durch dich ist die gesamte Schöpfung ins Dasein getreten. Und wo du bist, ist das Leben in Fülle. Durch Maria bist du Mensch geworden. Sie hat dich, das ewige Wort, in diese Weltzeit gebracht, damit durch dein Leben der Tod besiegt werde. Laß uns auf ihre Fürsprache zur Herrlichkeit der Auferstehung gelangen. Darum bitten wir durch Christus, unseren Herrn.

Schlußlied: GL 577, 1–3 : Maria, Mutter unsres Herrn

Literatur

Greely, Andrew: Maria – über die weibliche Dimension Gottes, a.a.O., S. 123–150.

Koptschalitsch, Evita-Hildegard: Die Befreiung zur Mütterlichkeit. Hannah, Elisabeth, Maria, in: Die Mitarbeiterin, 34. Jahrgang, 6/1983, S. 165 ff.

Perne, Heinz: Mütter, Limburg 1980.

„Frauen helfen Frauen“

Vorbemerkung

In Ludwigshafen gibt es ein Frauenhaus – eine Zufluchtstätte für mißhandelte Frauen. Dieses Haus wird von den Frauenverbänden der Stadt getragen. Auch viele kfd-Frauen engagieren sich in diesem Haus und für das Haus, so auch unsere Frauengemeinschaft. Daher haben wir dieses Thema im folgenden Gottesdienst aufgegriffen.
Benötigt werden ein Dia einer nächtlichen Stadt und als Handzettel das Frauenbild von Fritz Boddin mit dem Meditationstext von Mathilde Schaffner.

Fritz Boddin
Frauenbild

Eingangslied: GL 270, 1–2: Kommt herbei, singt dem Herrn

Begrüßung / Eröffnung

1. Sprecherin: Es gibt Frauenhäuser, die Tag und Nacht bereit sind, Frauen und Kinder aufzunehmen, die vor der Gewalt des Ehepartners und Vaters flüchten und Schutz suchen müssen. Viele unserer Mitbürger stecken noch in dem Vorurteil, solche Hilfsdienste, wie sie Frauen leisten, seien übertrieben. Gewaltanwendung in der Familie sei etwas Seltenes, und die betroffenen Frauen seien mit schuld daran, daß es ein solches Verhalten von Männern gebe.
Doch wir als Christengemeinde dürfen an einer derartigen Erscheinung im gesellschaftlichen Leben nicht mehr achtlos vorbeigehen. Es muß unsere Pflicht sein, uns zu informieren und hinzuhören, wenn engagierte Frauen, auch die Katholische Frauengemeinschaft Deutschlands, sich größtenteils ehrenamtlich, freiwillig in den Dienst schutzbedürftiger Frauen und Kinder stellen.
In unserem Gottesdienst wollen wir hören und darüber nachdenken, was das heißt: Frauen helfen Frauen. Verantwortliches Handeln, je nach unseren Möglichkeiten, allein oder in Gemeinschaft, soll als Frucht dieser gemeinsamen Eucharistiefeier wachsen.

Bußakt

Zu Beginn unseres Gottesdienstes bitten wir den Herrn um sein Erbarmen.

1. Sprecherin: Schuld begegnet uns auf allen Straßen und Wegen unseres Lebens. Sünde drückt uns nieder, Sorge und Angst begleiten uns Tag und Nacht.

Liedruf: GL 353, 6: Herr, erbarme dich.

Wir verstehen einander nicht mehr, beginnen, uns zu hassen. Wir weinen Tränen nach innen und verschließen uns jeder Berührung.

Liedruf: GL 353, 6: Christus, erbarme dich.

Der Haß wird zu Gewalttaten, Notschreie durchzittern die Räume, Verzweiflung lauert in allen Ecken. Wo finden wir Gnade? Wo Erlösung?

Liedruf: GL 353,6: Herr, erbarme dich.

Ja Herr, erbarme dich unserer friedlosen Welt und zeige uns, wo andere Menschen uns nötig haben. Darum bitten wir. Amen.

Gebet

Gott, gütiger Vater, Ursprung allen Lebens, du hast uns Menschen Erlösung geschenkt durch die Menschwerdung deines Sohnes Jesus Christus. In seiner bitteren Klage am Ölberg und in seinem Todesschrei am Kreuz ist alle menschliche Not aufgenommen. Er hat Leid und Tod überwunden und uns neues Leben geschenkt. Laß uns, Gott, im Glauben daran festhalten und täglich im Kampf gegen das Böse aus deiner Liebe Kraft schöpfen. Das erbitten wir durch Christus, unseren Herrn.

Lesung: Gal 6, 1–5

Zwischengesang: GL 622, 1. 3– 4: Hilf, Herr meines Lebens

Evangelium: Lk 13, 10–13

Meditation

(Handzettel)

Du Frau ohne Gesicht!
Was hat dich so gekrümmt?

Tief gebeugt bedeckst du dein Antlitz
mit deinen jungen Händen.
Du suchst mit deinen Ellbogen nach Halt
und denkst an den Tisch,
an dem du mit freundlichem Lächeln
deinen Lieben das Brot austeiltest.

Nun bist du wie ausgelöscht.
Du hast dich ganz nach innen gezogen.
Dein wirres Haar und
deine runden Schultern wirken
wie ein verschlossener Zaun.

Was hat dich so zerschlagen?
Welche Not hat dich so eingeschlossen?

Wir möchten zu dir finden,
möchten dir in die Augen sehen,
möchten mit dir sprechen und
den Grund deiner Tränen wissen.
Wir ahnen, was dir geschehen ist.

Böse Rede, rohe Schimpfworte, grausame Schläge
sind über dich hereingebrochen.
Dein Partner hat dich tief beleidigt,
du weißt nicht mehr ein noch aus.

Deine Kinder wollen sich an dich klammern,
wollen sich an dich schmiegen,
deine Kräfte versagen,
jetzt weinen sie mit dir und haben Angst.

Laß uns dich berühren,
dich in die Arme nehmen,
deine Hand ergreifen und mit dir gehen,
wir – deine Schwestern –
damit du wieder neu den Weg ins Leben findest.

Es gibt Einen, der Weg und Leben selber ist.

Mathilde Schaffner

Fürbitten

1. Sprecherin: In unseren Fürbitten wollen wir uns der wachsenden Not von Frauen und ihren Familien zuwenden. Es gibt ein dokumentarisches Buch aus dem Frauenhaus Ludwigshafen, dem Aussagen zu diesen Fürbitten entnommen sind: „Stille Schreie" ist sein sehr bezeichnender Titel.

Priester: Laßt uns nun hören und beten. Voll Vertrauen wenden wir uns zu dir, Gott, gütiger Vater, und bitten für unsere Mitbürgerinnen und Schwestern, die in große Not geraten sind und der Gewalt weichen mußten.

1. Sprecherin: Über den täglichen Anblick von ausgeübter brutaler Gewalt sagt eine Mitarbeiterin im Haus:
„Die Bandbreite der Ausübung von Gewalt gegen Frauen, die Tag und Nacht aus den verschiedensten Gesellschaftsschichten zu uns kommen, reicht von körperlichen Mißhandlungen, die sichtbare Spuren hinterlassen haben, wie Schläge, Fußtritte, Mordversuche, bis hin zu den äußerlich kaum erkennbaren psychischen Quälereien, wie Entwürdi-

gung, Demütigung, Nicht-Zulassen eines Selbstwertgefühls, um nur einiges zu nennen."

2. Sprecherin: Wie kann ein Partner so grausam sein?
Hilf, Herr, und gib diesen Frauen Mut, ihre Not auszusprechen und zu handeln, wenn die Gewalt keine Grenzen mehr kennt, und laß sie Schutz finden bei Frauen, die sich diesem Hilfsdienst stellen.
Herr, erhöre unser Beten.
A: Und laß unser Rufen zu dir kommen.

1. Sprecherin: Eine besonders seelisch gequälte, im Haus aufgenommene Frau klagte:
„Nur unser Sohn bedeutet ihm alles, unsere Tochter hat er durch Schikanen ständig gequält, sie allein immer wieder bestraft, so daß ich mich oft verteidigend dazwischenstellen mußte. Auch ich war seinen Launen preisgegeben. Ich habe den Fehler begangen, anspruchslos zu sein. Alles hat er mir weggenommen: Freundschaften, Hobbies, meine schönen Handarbeiten. Er wollte nicht, daß ich lache, weine und fröhlich bin. Mein lebenslustiges Wesen verschwand."

2. Sprecherin: Welch lebenzerstörende Enttäuschung nach wenigen Jahren Ehe steht hinter der Aussage dieser jungen Frau!
Hilf, Herr, daß solche Frauen ihr Selbstbewußtsein und ihre Selbstachtung durch verständnisvolle Frauen in diesem Haus wiederfinden.
Herr, erhöre unser Beten.
A: Und laß unser Rufen zu dir kommen.

1. Sprecherin: Eine Mitarbeiterin spricht aus ihrer Erfahrung mit Kindern, die von Müttern mitgebracht werden:
„Ein dreijähriges Mädchen kam zu uns und konnte nur ‚Mama' sagen. Nach einigen Wochen intensiver Übung war die Freude des Kindes von Tag zu Tag immer größer, weil es sich mit seiner Mutter und den Mitbewohnerinnen mit kleinen Sätzen verständigen konnte."

2. Sprecherin: Kindermund bleibt stumm, weil in Familien, wo Gewalt herrscht, die Angst überall lauert und kein menschliches Gespräch aufkommen kann.
Gib, Herr, diesen Mitarbeiterinnen Geduld und Freude, sich dem Dienst solch hilfloser Kinder zu widmen.
Herr, erhöre unser Beten.
A: Und laß unser Rufen zu dir kommen.

1. Sprecherin: Ein herangewachsener Junge schildert eine Erzieherin, die er im Frauenhaus kennengelernt hat, so:
„Sie ist jemand, mit dem man reden kann, der mit einem spielt, von dem man getröstet wird. Sie ist da, wenn man sie braucht; sie bollert nicht gleich los, wenn man etwas kaputtmacht. Sie nimmt mich in den Arm, sie streichelt mir über den Kopf und hat einen lieb."

2. Sprecherin: Wie hat dieser Junge bisher Mutter und Vater in ihrer natürlichen Rolle vermißt!
Schenke, Herr, dieses Erleben vielen Jungen, damit sie heranreifen können zu guten Ehepartnern und Vätern.
Herr, erhöre unser Beten.
A: Und laß unser Rufen zu dir kommen.

Priester: Barmherziger Gott, wir haben von bitterer Not gehört und um deine Hilfe gerufen. Wir wollen aufmerksam bleiben, und unseren Sinn und unser Herz öffnen, wenn Bitten aus dem Frauenhaus oder Mißstände aus unserer Umgebung uns erreichen. Ein Umdenken in der Erziehung ist gefordert: Die Rolle von Mann und Frau muß neu überdacht werden. Es darf nicht Unterdrückte in unserer Gesellschaft geben. Solidarisches, partnerschaftliches Verhalten entspricht unserem christlichen Menschenbild. Von Geschwisterlichkeit redet unsere Kirche heute. Wir wollen uns solchem Denken öffnen und danach handeln. Darum bitten wir durch Christus unseren Bruder und Beistand der Schwachen. Amen.

Lied zur Gabenbereitung: GL 533: Dir, Vater, Lobpreis werde

Gabengebet

Wir bringen dir, guter Gott, mit den Gaben von Brot und Wein auch das Leben all der Frauen und Kinder, deren Nöte uns so tief erschüttern. Wandle die Herzen, auch der Partner und Väter, und führe nach Möglichkeit die Familien wieder zusammen. Nimm gnädig an den Einsatz der Frauen, die in geschwisterlicher Liebe Gewalt zurückdrängen und Frauen in Not menschliche Nähe und Hilfe erfahren lassen. Laß das Opfer Jesu Christi in uns allen wirksam werden. Das erbitten wir durch ihn, Christus, unseren Herrn.

Präfation: Meßbuch II, Seite 502

Sanctus: GL 501: Heilig, heilig, heilig Gott

Agnus Dei: GL 502: Christe, du Lamm Gottes

Kommunionvers: Lk 13, 12b–13a

Lied zur Kommunion:
GL 641, 1–2: Gleichwie mich mein Vater gesandt hat

Meditation

(Betrachtung des Bildes einer nächtlichen Stadt)

Dunkelheit und Licht –
unsere Stadt, eingetaucht in dieses
Symbol im Strom des Lebens.

Menschen schlafen,
Menschen feiern.
Mütter und Väter ruhen aus,
Frauen und Männer arbeiten – für uns.
Kinder lächeln im Traum,
Mütter sprechen den Segen.
Kranke rufen um Hilfe.
Türen öffnen sich,
und gütige Hände heilen.

Dunkel der Geborgenheit,
Licht der Liebe über unserer Stadt.
Einsamkeit schlurft
im Schatten der Häuser entlang.
Verzweiflung ringt um Luft –
sucht sie das Ufer?
Schreie durch die Stille –
eine Tür schlägt grausam zu.
Wer bist du, Frau, von
zitternden Kindern begleitet?
Ein Bündel zerrt an deiner Schulter.
Wo ist dein Ziel?

Es gibt eine Tür
im Dunkel der Stadt,
von Frauenhänden geöffnet –
Gottlob –
Licht im Dunkel unserer Stadt.

Mathilde Schaffner

Schlußgebet

Gott, barmherziger Vater, wir durften im Mahl der Liebe die innigste Vereinigung eingehen, die ein Mensch je erfahren kann. Christus, mit uns eins geworden, ist unser Leben. Wie sollte uns Angst werden vor all den Schwierigkeiten, die auf uns warten? Im Vertrauen auf dich, gütiger Vater, wagen wir neues Leben mit unseren Schwestern und Brüdern, in Jesus Christus, unserem Herrn.

Schlußlied: GL 302, 1–2: Erhör, o Gott, mein Flehen

Quellenverzeichnis

S. 15: „Wer in der Tiefe war", *S. 34:* „Laßt uns aufhören", *S. 39:* „Feiert mit mir", *S. 65:* „Es kommt ein Tag", aus: Johannes Hansen, Nach dem Dunkel kommt ein neuer Morgen © R. Kawohl-Verlag, Wesel, 1978, S. 7, 46, 59, 62.

S. 19: „Herr, du hast mein Klagen", aus: Waltraud Schneider, Getanztes Gebet, Verlag Herder, Freiburg-Basel-Wien [4]1991, S. 30.

S. 35: „Tagesgebet", *S. 38:* „Gabengebet", aus: Max Huber (Hrsg.), Sinn suchen – Sinn finden, Verlag Friedrich Pustet, Regensburg, © beim Verfasser.

S. 36: „Ihr Frauen, treue Gefährtinnen", *S. 40:* „Geh hin mit Maria", aus: Feministisch gelesen, Band 1, hrsg. von Eva Renate Schmidt, Mieke Korenhof und Renate Jost, Kreuz Verlag, Stuttgart 1988, S. 223, 237.

S. 39: „Barmherziger Gott", aus: A. Reiser / P.-G. Schoenborn (Hrsg.), Sehnsucht nach dem Fest der freien Menschen, Peter Hammer Verlag, Wuppertal 1982, S. 41.

S. 44: „Kyrie", *S. 48:* „Fürbitten", *S. 64:* „Fürbitten", *S. 66:* „Schlußgebet", aus: Gerhard Eberts, Jugendgottesdienste. Band I: Denkanstöße, Predigthilfen, Fürbitten, Rex-Verlag, Luzern [4]1982, S. 83, 85; Band IV: Die Heiligen der Kirche, 1981, S. 94 f. (leicht geändert).

S. 50: „Wie oft hast du", aus: Margot Bickel/Hermann Steigert, Geh deinen Weg, Verlag Herder, Freiburg-Basel-Wien [13]1990.

S. 59: „Herr, stürmisch sind die Wellen", aus: Edith Stein, Gedichte und Gebete aus dem Nachlaß, hrsg. von Waltraud Herbstrith, G. Kaffke Verlag, Aschaffenburg [3]1985, S. 18 f.

S. 76: „Tanz", aus: Maria-Gabriele Wosien, Sakraler Tanz. Der Reigen im Jahreskreis, Tanzspiele mit Tonkassette, Kösel-Verlag, München 1988, S. 88 f.

S. 84: „Ich bin die Vielfalt", aus: Christa Peikert-Flaspöhler, Du träumst in mir, mein Gott. Frauen beten, Lahn-Verlag, Limburg [2]1990, S. 11.

S. 97: „gott du hast uns gepflanzt", aus: Wilhelm Willms, roter faden glück. lichtblicke, Verlag Butzon & Bercker, Kevelaer [5]1988, 7.20 (gekürzt).

S. 100: „Schuldbekenntnis", aus: Albert Gerhard / Brigitte Heisterkamp / Michael Jutkowiak / Wolfgang Meurer, Feier-Formen. Impulse für Gottesdienstgestaltung, Einhard-Verlag, Aachen 1986, S. 154 f. (leicht geändert).

S. 100: „Tagesgebet", *S. 105:* „Schlußgebet", aus: „Die Mitarbeiterin" 2/1985, Klens-Verlag, Düsseldorf, S. 50, 52, © bei der kfd St. Jacobus Ennigerloh.

S. 103 f.: „Tauferneuerung", aus: Johannes Thiele, Fantasie für die Schöpfung, Meditationen, Feiern, Wortgottesdienste, Verlag Herder, Freiburg-Basel-Wien 1990, S. 101f.

S. 105: „Im Strom der Zeit", aus: Wolfgang Poeplau, Wer die Erde liebt. Bilder und Texte zu den alltäglichen Wundern des Lebens, Christophorus-Verlag, Freiburg i. Br. [5]1986, S. 16, 39.

S. 115, 132: „Gott, Schöpfer des Lebens", *S. 118:* „Wir grüßen dich, Maria", aus: Peter Siegmund, Immerzu sprechen. Gebete für jeden Tag, Kyrios-Verlag Meitingen, Freising 1983, S. 38, 39.

S. 122: „Maria, du Königin", aus: Elmar Gruber, Maria – Weg des Glaubens. Meditationen, Don Bosco Verlag, München [2]1987, S. 104 f.

S. 123: „Maria hat aus tiefer Nacht“, aus: Religionspädagogische Praxis, 1/1983, S. 45, RPA Verlag, Landshut.

S. 123: „Wir bitten jetzt Maria“, aus: Norbert Fuchs, Wir ehren Maria. Texte und Vorschläge zur Gestaltung von Marienandachten, Verlag Friedrich Pustet, Regensburg [2]1983, S. 76.

S. 125: „Wir freuen uns mit Maria“, aus: Josef Seuffert, Marientage im Kirchenjahr. Meßfeiern und Andachten, Don Bosco Verlag, München [2]1987, S. 211 f. (leicht verändert).

S. 127: „Gesätze des Rosenkranzes“, aus: Andreas Heinz, Lob der Mysterien Christi. Ein Beitrag zur Entwicklungsgeschichte des Leben-Jesu-Rosenkranzes unter besonderer Berücksichtigung seiner zisterziensischen Wurzeln, in: Liturgie und Dichtung, Band 1, EOS-Verlag, St. Ottilien 1983, S. 609–639.

S. 138, 145: „Gebet“, „Gabengebet“, „Schlußgebet“, aus: Franz Franzen, Motivmessen 2, Thematische Meßformulare für jeden Tag, Verlag Hans Driewer, Essen [2]1970, S. 167.

S. 150: „Evangelienspiel“, aus: Franz Kett / Klaus Gräske, Gott befreit durch Jesus Christus, Teil I, Kindergottesdienste, Don Bosco Verlag, München [2]1987, S. 24 ff.

S. 156: „O Maria, Mutter Gottes“, aus: Bernhard Häring, Maria, Urbild des Glaubens, Verlag Herder, Freiburg-Basel-Wien 1980, S. 27.

S. 160: „Du Frau ohne Gesicht“, S. 164: „Dunkelheit und Licht“: © bei der Autorin.

Bildnachweis

Umschlag: Die Frauen am Grab, Egbert-Codex, Reichenau/Trier, um 980–993. © Stadtbibliothek Trier.

S. 15: Rembrandt, Ruth en Boas, inv. 1930:9, © Rijksmuseum-Stichting, Amsterdam.

S. 24: Roland Peter Litzenburger, Aus dem Jugendkreuzweg 1980 „Wenn das Weizenkorn stirbt ...“, Station 6, Kugelschreiber, 1979, © Erbengemeinschaft Litzenburger, Markdorf-Leimbach.

S. 25: Holzrelief, aus einer Bildreihe „Karfreitag-Ostern“, © Max Dentler, Reutlingen.

S. 43: Das Leben der heiligen Lioba, Moderner Wandteppich aus der Schulwerkstatt. Auf der Empore der Abteikirche, Heimschule Kloster Wald (ehemalige Zisterzienserinnen-Abtei), Wald, © Gebr. Metz Verlag, Wannweil.

S. 79: Volkstümliche Darstellung der 14 Nothelfer, Hinterglasbild aus dem Bayerischen Wald, Anfang des 19. Jahrhunderts. Bayerisches Nationalmuseum, München, Inv.Nr. Kr. G 226. Foto: Claus Hansmann.

S. 90: Astkreuz, um 1350, St. Lorenzkirche, Kempten / Allgäu. Foto: Schwaben-Verlag, Ellwangen.

S. 158: © Fritz Boddin, Bad Driburg 1988.